Frédérique Hébrard
Louis Velle

La Protestante et le Catholique

Plon / Desclée de Brouwer

ISBN : 2-220-04383-5

à Catherine, Nicolas et François,
nos trois métis,
à Fanny et à Dominique
qui nous ont apporté
Paul, Alice, Victor et Alexandre

12 mars 1948, 17 heures et 23 minutes, la scène se passe au Conservatoire national d'art dramatique, à Paris.

Une jeune fille vient de donner une gifle à un jeune homme.

Il lui dit : « Mademoiselle, je vous la rendrai. »

9 octobre 1948, 15 heures et 2 minutes, la scène se passe dans la rue, face au Conservatoire national d'art dramatique, à Paris.

Le jeune homme vient de rendre sa gifle à la jeune fille.

De cet instant ils ne se quitteront plus.

Il s'appelle Louis. Elle s'appelle Frédérique.

Les enfances

Louis

J'ai trouvé dans mon berceau ma patrie et ma religion.

Mes parents étant français et chrétiens, il était naturel que je fusse l'un et l'autre.

Mais les mots ont parfois trop de poids pour rendre compte des choses dont on parle. Religion est un mot trop imposant. Il implique une doctrine, un choix, un engagement – des adversaires aussi. Il trace des frontières. Rien de tout cela ne trouve un écho dans mes souvenirs de petit enfant. Il n'y eut pas, à proprement parler, d'enseignement. Pour moi, le fait religieux était perçu comme une dépendance de la vie sociale, comme un complément à l'éducation, comparable à l'école, avec un lieu d'élection : l'église.

Les éléments du cocon religieux que je me constituais étaient piqués au hasard, et je les assemblais à mon idée. Ils étaient bien sûr le reflet de ce que j'entendais et voyais dans la famille – ou plutôt dans mes familles.

Si petit que je fusse, mes parents étaient déjà divorcés. Cette situation n'était pas vécue comme déchirante. Je n'avais assisté à rien de pénible ou de douloureux. J'étais en face d'une chose accomplie ; il n'y avait pas à y revenir. D'ailleurs l'idée ne m'est jamais venue de réunir mes parents, ni d'imaginer ce qui aurait pu être. Non, ce n'était pas un déchirement, mais une fracture ; j'étais né avec une amputation. Je ne dirais jamais « Papa-Maman ». Autant que je sache, je n'ai jamais été vraiment malheureux, même face à la cruauté des gens, des grandes personnes en particulier, car, à cette époque, la honte du divorce rejaillissait sur les enfants. Les chagrins viendront plus tard, quand le catéchisme m'apprendra qu'un au moins de mes parents serait damné.

Il faut peut-être resituer le divorce dans le cadre de cette époque, 1928. C'était un événement sérieux. Je dis parfois qu'il s'agissait du huitième sacrement. En ce temps-là, pas question que les choses se passent à l'amiable, comme aujourd'hui : il fallait présenter des griefs. Petite précision en ce qui concerne mes parents : ce ne fut pas une séparation parce qu'il y avait une dame, ou un monsieur en trop. Pas du tout. C'étaient des étudiants en pharmacie qui s'étaient rencontrés, s'étaient plu, et je pense que ma grand-mère maternelle, la Basque, accablée d'épreuves mais indomptable (dans son journal, mon autre grand-mère l'appelle : *la terrible Madame Lye*, Lye étant le nom de son défunt mari, pur Normand d'ascendance viking) avait favorisé les choses.

Mon jeune père, fils unique d'une pharmacie prospère, place de la Mairie à Saint-Leu-la-Forêt, convenait tout à fait aux ambitions de Madame Lye, qui possédait une pharmacie rue Rambuteau, à Paris, pharmacie à laquelle d'ailleurs elle n'avait pas droit n'ayant jamais eu de diplôme, ce qui ne l'empêcha pas d'en fonder une deuxième en rachetant une herboristerie à Taverny, commune mitoyenne de Saint-Leu. Partie de rien, rien ne l'arrêtait. C'était ce qu'on appelle « un personnage ».

Mais le gendre, lui aussi, était un personnage. Sa propre mère, dans son journal, l'appelait parfois « Néron », sans imaginer pour autant qu'il en viendrait à traiter sa jeune femme comme Poppée. On comprend la haine de la belle-mère !

Elle m'attrapait parfois par les deux bras et m'approchait de son visage.

– Comment t'appelleras-tu, quand tu seras grand ?

Un peu inquiet, je répondais doucement :

– Louis Velle.

– Ah non ! rugissait-elle. Quand on aura guillotiné ton père, il faudra que tu changes de nom !

Et elle m'envoyait balader.

La même ardeur qu'elle avait mise à favoriser ce mariage, elle l'employa à mettre son gendre à la porte – gendre qui, disait-elle, mettait lui-même trop facilement les clients à la porte. Crime impardonnable ! Elle ajoutait qu'en plus il se prenait pour Rothschild, ayant la prétention de prendre un bain chaque matin ! Il faut dire que chez les Lye, rue Rambuteau, avant 14, on faisait monter l'eau le dimanche par le porteur d'eau qui remplissait la baignoire, tout le monde se lavait, et on finissait par le chien.

Mais revenons à la religion. Comme je parlais de ma grand-mère, commençons par elle. Née à Biarritz dans une famille nombreuse, d'un milieu modeste, baptisée comme tout le monde, je ne l'ai jamais vue mettre les pieds dans une église ou assister à la moindre messe.

Ma maman, comme on peut l'imaginer, était toute soumise à sa mère. Dans mes souvenirs d'enfant, elle se rendait assez peu à l'église. J'ai même entendu dire qu'elle avait fait sa communion et sa confirmation pour pouvoir épouser mon père. Mais tout devait changer pour elle, plus tard, avec les malheurs de la Patrie. La religion lui fut d'un grand secours lors de l'invasion, puis de l'occupation allemande.

On parlait beaucoup des Allemands dans mon enfance. Ma grand-mère : « Donne-moi ta main, que je te montre ce qu'ils font aux petits enfants, les Allemands ! », et d'un geste tranchant, elle me sectionnait le poignet. Il est vrai qu'ils lui avaient tué son fils, et que son mari en était mort de chagrin. Je me souviens aussi qu'au moment de Munich – dont on parle aujourd'hui avec tant de légèreté –, je l'ai entendue un matin bramer ; j'ai dévalé l'escalier et, en bas, cloué d'épouvante, je l'ai vue prendre ses cheveux à poignées et se les arracher : on mobilisait son second fils, elle le voyait déjà mort.

Du côté de « Néron », si je puis dire, on était beaucoup plus chrétien, avec cette nuance que la religion apparaissait également comme une composante du statut social.

André avait un sentiment naturel de sa supériorité. Personne ne l'impressionnait, et il ne doutait de rien. Il ne devait pas manquer de faire sentir à sa belle-mère la hauteur de ses origines. « Il se croit sorti de la cuisse de Jupiter ! » disait-elle, elle qui était fille d'un homme moitié contrebandier, moitié employé du gaz, et qui fut jeté à la mer un soir de paie. Quant à son mari, Lye, natif de Reux, il avait commencé comme laveur de bouteilles à la pharmacie de Pont-l'Évêque, et fini comme pharmacien de deuxième classe, ce qui n'était pas à la portée de tout le monde.

En face, les Velle avaient fourni des générations d'ingénieurs à la Russie des Tsars, et des officiers à l'armée française. Des Zeller, il ne restait plus que des femmes. Ma grand-mère Aline mourut quelques mois après ma naissance, mais je la connais intimement par son journal, écrit de 1882 à sa mort, document passionnant pour l'histoire de la famille et qui m'a permis, entre autres choses, d'avoir la confirmation que j'avais été fabriqué en plein air par les deux étudiants. Il fourmille d'anecdotes dans lesquelles je vois trotter des petites filles que j'ai connues vieilles dames, tout cela vu par un esprit critique, développant à longueur d'années ses états d'âmes, ne faisant grâce à personne, surtout pas à la famille de son mari. Ses sœurs aînées, Dadine et Marie, avaient à mes yeux le prestige de posséder à Walheim une maison qui était dans la famille depuis 1572, qui avait survécu à la terrible guerre de Trente Ans, qu'on avait pu garder en 70 malgré les Prussiens, qui avait perdu ses granges en 14, qui avait subi de sérieux dégâts en 45, et que mon père devait se résoudre à vendre en 1950. Cette maison fut un personnage considérable de mon enfance.

Mes tantes avaient de l'éducation, des manières, et point d'argent. André se sentait une âme d'héritier qui le poussait parfois jusqu'à l'arrogance : cinglant dans ses réparties, tranchant et même brutal s'il était contrarié. À part cela bon compagnon, rieur, grand raconteur de « coups » comme on verra plus loin, joueur invétéré et infatigable, et la foi chevillée au corps. Ne vivant pas avec lui, je ne sais s'il allait à la messe chaque dimanche (j'en doute !), mais le mois d'août que nous passions en Alsace dans la maison de famille le voyait ostensiblement figurer à la messe dominicale. Je dis ostensiblement car il se considérait comme le seigneur du village, ce qui ne faisait de tort à personne. Mais, comme le divorce le gênait pour son statut de chrétien, il avait décidé que ma mère était morte, et qu'il convenait, lorsque, à notre arrivée, nous allions rendre la visite rituelle au maire, au curé, etc., que je baissasse la tête d'un air douloureux – ce que je faisais avec beaucoup de conviction. La vie avec mon père était tout, sauf ennuyeuse. Quelque temps après, il se remariait et, du même coup, ressuscitait ma mère, faisant passer les deux femmes pour la même épouse, ce qui ne trompait personne, mais puisque André le voulait comme ça, pourquoi le contrarier ?

Donc une famille avec deux versants très inégaux. L'un porteur de mémoire, de témoignages, de demeures, de tableaux, d'objets, l'autre comme surgi du néant, aucun bijou si modeste fût-il, aucun « souvenir », aucune effigie, photo, portrait. Nulle relation fraternelle, ils étaient pourtant sept enfants chez les Basques, huit chez les Normands. Que sont-ils devenus ? Peut-être que le dénuement originel faisait que toutes les forces étaient tournées vers la survie, et rien d'autre.

Du côté paternel, abondance de preuves si je puis dire. D'où, chez l'enfant, la source de beaucoup de questions auxquelles étaient données beaucoup de réponses qui entraient à jamais dans la mémoire. Et pourtant, que d'objets perdus en route ! L'appartement de ma grande-tante – qui signait ses lettres *Marie Velle, doyenne de la famille* –, où nous venions chaque année, rituellement, pour le gigot du 15 août, après une visite à la Citadelle et au Lion (de Belfort), croulait de souvenirs. Sur ses murs, ses tables, dans ses vitrines, se télescopaient des objets venus d'Afrique, d'Asie, et de la Sainte Russie. Où sont les samovars, les panoplies, les boucliers, les sagaies, les flèches, les masques, les peaux de bêtes, ou tout simplement le merveilleux stéréoscope où les vivants et les morts, ressuscités par le relief, jouaient au croquet, prenaient le thé et la pose ?

L'idée religieuse trouvait aussi sa source et son évidence dans la mémoire. Elle était confirmée par les gestes et la pratique exercés par les disparus, mais ne s'accompagnait d'aucun commentaire sur la matière même de la religion. Nulle interrogation de la part de l'enfant : on baignait dans l'évidence, alors quelles questions ? Pour quelles réponses ? La réalité du monde invisible était attestée par les morts qui le peuplaient, ils ne cessaient pas d'exister. D'où une véritable affection pour les cimetières où reposaient leurs mémoires. Aujourd'hui encore, dans ces lieux vénérés, je n'imagine ni charogne, ni ossements. Et ce n'est pas parce que je sais qu'ils sont là que je vais le croire. Et pourtant, lorsque le temps est abominable, je pense avec douleur à mon père exposé aux intempéries, dans son coffre de bois, alors que je rends grâce à ma mère, très immatérielle puisqu'elle s'est fait incinérer. La logique et la cohérence n'ont rien à faire avec le monde de nos sentiments, et pourtant ce monde est aussi vrai et aussi réel que celui des microscopes et des éprouvettes.

☆

Mais pour soutenir et pour conforter l'évidence du monde immatériel, l'enfant a besoin de l'environnement sensible, où il doit trouver un bonheur supplémentaire. Et ce bonheur, je le découvrais dans l'éblouissement de l'église.

L'église de Taverny avait un prestige particulier.

Sa situation est splendide. Placée en lisière de la forêt, dressée sur un tertre qui la dégage de tout environnement, elle préside. La commune est à ses pieds, le plus haut toit de la paroisse n'atteint pas son seuil. Que l'on y accède par la rude pente pavée de la rue de l'Église se prolongeant par le large escalier qui escalade la butte, ou bien par l'allée de la Forêt dont l'arceau de verdure débouche sur le chevet, elle impressionne et rassure à la fois. Elle est belle et solide. Pleine de promesses intérieures qui se révélaient dès qu'on avait poussé la double porte qui protégeait la qualité de son silence.

La lumière, d'abord, qui emplissait tout l'espace et à travers laquelle s'élançait l'imagination émerveillée du jeune écolier. Le cœur battait d'autre façon. Des joies intérieures s'éveillaient soudainement. Pourquoi ?... L'accès difficile au bénitier, le bout des doigts trempés, une goutte d'eau sur le front, on devenait soi-même et quelqu'un d'autre. On avançait avec précaution et recueillement, attentif à la présence immense qui vous accueillait et qu'allaient peupler petit à petit le piétinement des paroissiens, la lueur des cierges, les vapeurs de l'encens, la ferveur des cantiques emballés par la voix magnifiante de l'orgue. Oui, le paradis existait.

Aussi il n'y avait pas besoin de me pousser pour me rendre à l'église. D'abord, on traversait la Forêt. Je l'écris avec une majuscule car elle devait devenir un personnage considérable de ma jeunesse et de mon adolescence. Mais déjà dans mon enfance je l'aimais d'ivresse.

Oh, les nuits de Noël où nous cheminions vers la crèche par les chemins neigeux, dans l'obscurité, mangés de froid, heureux, frissonnants ! La vie débordait de son cadre. Je pensais déjà que je m'en souviendrais toujours. On passait au milieu des bois, devant l'Ecce Homo. Un bâtiment trapu, lourd, sans grâce, sans dimension, fermé d'une grille derrière laquelle on distinguait l'*ecce homo* : un Jésus douloureux couronné d'épines et, à ses pieds, quelques bouquets fanés que des mains compatissantes avaient jetés à travers la grille.

Les offices pouvaient me paraître longs, mais je ne pouvais pas m'ennuyer. Mon esprit s'intriguait de tout : la sacristie et ses mystères, le buffet d'orgue auquel je me demandais comment on accédait, le confessionnal avec ses secrets, le lutrin, le chœur, les stalles, le banc d'œuvre et, bien sûr, la statue vénérée de Notre Dame de Taverny, vierge en bois aussi ancienne que notre église, dont on disait : « Elle est classée ! » Et je répétais : « Elle est classée ! Elle est classée ! » Puis me venait aux lèvres le nom magique de sa donatrice : Blanche de Castille. Blanche de Castille !

Mes rêveries étaient interrompues par la quête – pardon, par *les* quêtes. La bourse de velours passait de main en main jusqu'au bout du rang. J'y jetais les sous que l'on m'avait donnés. Et, peu après, apparaissait le pain bénit : brioches que j'avais vues, en entrant, disposées sur les fonts baptismaux (encore un mot magique ! Ça et « le fruit de vos entrailles ») et qu'on avait ensuite coupées en morceaux, puis qu'on nous passait dans une corbeille tressée, tendue d'un linge blanc, et dont les farceurs attrapaient plusieurs parts.

Comme on est loin des messes d'aujourd'hui. Que sont devenus le bedeau avec son bicorne de polytechnicien, cocardé, penché à la renverse, qui nous demandait deux sous pour les places que nous occupions, et le suisse de Trouville, un géant rougeaud, cou de taureau, culotte à la française, bas blancs gonflés par ses jarrets d'athlète, chaussures à boucle, et qui frappait le sol de sa hallebarde pour donner le branle ?

☆

Mais tout cela, me direz-vous, a peu à voir avec la religion. Et pour cause ! Je ne savais pas encore que j'avais une religion. Et je suis incapable de me souvenir de l'arrivée de ce mot. Le mot de chrétien, lui, se confond avec l'originel. J'ai toujours entendu parler de « chrétiens » et nous en faisions partie. Ce n'était pas : « Je suis chrétien », mais : « Je fais partie des chrétiens », donc j'agissais et je croyais comme ceux qui m'entouraient. C'était une chose plus collective que personnelle. D'ailleurs, pour moi, en France tout le monde était chrétien. Je suppose que le mot religion est apparu quand on m'a appris que tout le monde, justement, n'était pas chrétien. « Religion » marquait donc une différence.

Ma religion comportait un certain nombre de personnages, quelques préceptes, et un programme.

Les personnages. Par ordre d'entrée en scène : Le Bon Dieu, le Petit Jésus, la Sainte Vierge, trinité prépondérante que suivaient, à bonne distance, les anges et, particulièrement, l'Ange Gardien.

Le Bon Dieu était tout-puissant ; il avait créé le Ciel et la Terre, les animaux, l'homme, et résidait au Paradis, où il nous attendait.

Le programme, c'était de parvenir au Paradis. Le moyen c'était les préceptes au premier rang desquels : il fallait s'aimer les uns les autres, même nos ennemis, même les Allemands.

Ce qui compliquait la partie, c'était le Diable. Lucifer. Son but était de nous attirer en enfer, il avait commencé ce travail avec nos premiers parents ; aujourd'hui encore j'ai une dent contre Adam et Ève. Déjà, enfant, je considérais qu'ils s'étaient conduits comme des serins. Si j'avais été à leur place, les choses ne se seraient pas passées de la même manière ; le serpent aurait gardé sa pomme, je lui aurais dit : « Fiche-moi la paix ! Je suis très bien comme je suis. Mon bienfaiteur m'a recommandé de ne pas toucher à ce fruit. Je n'ai aucune envie de lui déplaire, être au-dessus de lui ne m'intéresse pas, j'ai tout ce qu'il me faut. Va-t'en ! »

À cet âge déjà j'étais dénué d'ambition sociale. Figurer au-dessus des autres, vouloir être le chef, ne suscitait en moi aucun désir. Mes bonheurs étaient tout intérieurs. Jouir, mon occupation quotidienne. Vivre l'instant heureux, le savourer, et s'en souvenir, car savoir qu'il entrait dans la mémoire, ajoutait sur-le-champ au bonheur du moment.

Que faisais-je d'autre que jouir en traversant la Forêt, en passant devant l'Ecce Homo, en dégustant le pain bénit ? Multiplier ces instants me paraissait une perspective enviable. Il n'y avait dans mon comportement ni mérite, ni sagesse. Le Créateur m'avait accordé le don d'émerveillement, et sa faveur a été de le maintenir tout au long de ma vie. Ce qui me rend, hélas, insupportable à certains esprits. Et les éléments de religion au milieu desquels j'évoluais ajoutaient à cette disposition d'émerveillement pour la vie quotidienne.

La claire lumière de l'église, les cierges, l'encens, les chants, les cloches offraient à l'enfant un complément de joie dont l'agrément était porté au crédit de la religion – mais je ne savais toujours pas ce qu'était une religion.

☆

Celle-ci avait cependant le privilège de créer un lien particulier qui s'incarnait pour moi dans une personne que je n'ai jamais cessé d'aimer et d'admirer : ma marraine. J'avais un parrain, bien sûr, mais comme il était également mon oncle, cela ne comptait pas. Tandis qu'avec ma marraine j'avais le sentiment qu'un fil infiniment précieux, infiniment unique, nous reliait. Elle avait, en outre, le prestige d'être institutrice, et cela la grandissait encore à mes yeux. Aussi mon bonheur était-il d'aller passer quelques jours auprès d'elle, à Pont-l'Évêque.

Marcelle Demorieux était la fille de cette pharmacie où mon grand-père enfant avait lavé les bouteilles. Elle faisait partie de ces innombrables demoiselles que les jeunes gens allongés à Verdun n'épouseraient jamais. Elle était pleine d'entrain, pieuse sans fadeur, exigeante, pleine d'amour et aussi de sévérité : c'est la même chose. Nous étions uniques l'un pour l'autre, et cela je le devais au baptême qui inventait ce lien miraculeux.

Marcelle était une personne menue, vivante, déterminée et gaie. Elle ne ressemblait à aucun des êtres que j'avais connus jusqu'ici. Pour définir ce qui la distinguait, je me servirai d'un mot que notre époque répudie : elle avait du maintien. Et de la façon la plus naturelle. Elle exigeait de l'enfant la même chose, et cette exigence me rendait fier. Je n'oublierai jamais le ton dont elle me disait : « Mon cher filleul, tu dois te conduire comme un gentleman. » Elle avait passé plusieurs années en Angleterre, elle en avait rapporté le thé et les toasts, ce qui ajoutait à la différence, pour moi qui ne connaissais que le café au lait et les tartines.

À son contact quelque chose de nouveau, d'indéfinissable, s'éveillait en moi. Je n'étais plus tout à fait le même. À moi qui ne vivais que dans l'instant, comme un petit chien heureux, elle laissait pressentir qu'il y avait un avenir, quelque chose à construire, que l'effort engendrait la joie. Et pourtant, elle ne disait rien de tout cela. Simplement, la façon dont elle s'adressait à moi donnait la vie à des pensées.

Seul dans le noir, je réfléchissais. C'était nouveau. Un peu troublant. Je me posais des questions. Le sol n'était plus tout à fait le même sous mes pas, un peu comme le plancher de la barque quand nous faisions un tour sur la Touques. Cela bougeait dans ma tête. J'envisageais des choses, des lendemains, des possibilités, des choix, des joies, des aventures, et puis je m'endormais.

Mais, auparavant, nous avions fait la prière. À genoux, côte à côte. Je la sentais se retirer à l'intérieur d'elle-même, garder le silence un moment. Puis sa voix disait : « Notre Père », et s'arrêtait, mais d'une façon telle qu'on avait le sentiment qu'elle convoquait Dieu. Elle ne le faisait pas apparaître, elle le rendait présent. Il était là. Près de nous. Je respirais à peine. Tout ce qu'elle disait, à mots comptés, était évident : il fallait que son règne arrive, que sa volonté soit faite, qu'il nous donne notre pain quotidien, qu'il nous pardonne nos offenses, qu'il ne nous soumette plus à la tentation, et, surtout, qu'il nous délivre du mal. Et avant de dire : « Ainsi soit-il », elle laissait bien au Seigneur le temps de prendre en compte chacune de nos demandes.

Puis elle s'adressait à la Sainte Vierge. Elle ne disait pas : « Je vous salue, Marie. » Non, elle disait : « Je vous salue », puis : « Marie, pleine de grâce. » Dans sa bouche, les mots tant de fois prononcés, délavés par l'habitude, reprenaient leur couleur originelle. Puis, le signe de croix accompli, elle renouait avec sa gaieté naturelle, m'embrassait, et me fourrait au lit où une autre vie commençait.

☆

J'ai toujours aimé l'école. À Taverny, j'y volais chaque matin avec une jubilation qui ne se démentit jamais. C'était l'école des petits, que l'on appelait l'Asile, et qui me paraissait un prolongement de l'église parce qu'elle était tenue par des Sœurs. Et d'ailleurs, au bout du bâtiment, après les cours de récréation, il y avait une petite chapelle, avec des vitraux modernes, très gais, très colorés, une petite chapelle toute en bois, d'un bois couleur de brioche qui donnait une sensation de chaleur dès qu'on y pénétrait.

J'aimais aussi la salle de classe, haute et large, qui se terminait par une volée de gradins sous lesquels on menaçait d'enfermer les plus turbulents. Mais j'étais sage, rarement puni. Jamais le bonnet d'âne pour les ignorants, la langue rouge pour les bavards, l'écriteau *Paresseux* pour ceux qui le méritaient, encore moins le collier de chien pour les mordeurs.

Ma marraine, qui connaissait mon désir d'apprendre, me permit quelquefois, assis seul au dernier rang, d'assister à sa classe. Elle préparait les grands et les grandes au certificat d'études qui me paraissait le Paradis. Elle dit que j'étais son filleul, que j'étais jeune, mais déjà bon élève.

Est-ce ce jour-là ou un autre qu'elle fit un cours sur la chevalerie ? Peu importe. Mais il m'a marqué. J'avais déjà entendu parler des chevaliers. Je savais qu'ils avaient bonne réputation, qu'ils disposaient d'un cheval, bien sûr, et d'une armure, d'un heaume et d'une épée. Mais j'ignorais la manière dont on devenait chevalier.

Déjà la veillée d'armes enflammait mon imagination. Je me voyais, seul, la nuit, dans l'église de Taverny, à genoux devant l'autel, environné de ténèbres, avec la seule lueur de la présence perpétuelle, mon heaume et mon épée à portée de main, prenant l'engagement devant Dieu de défendre la veuve – j'en connaissais – et l'orphelin – il était dans ma classe –, de soutenir les opprimés, de respecter la Trêve de Dieu...

Si bien qu'enflammé par les paroles de ma marraine, surtout quand elle avait dit d'une voix imposante : « Mes enfants, n'ayez jamais peur ! », je m'élançai à travers la cour de récréation, cabrant mon destrier, faisant des moulinets à droite et à gauche, frappant d'estoc et de taille, jusqu'à ce qu'un grand « du certificat » me demande si j'avais l'âge de raison. Je demeurai muet. De quoi s'agissait-il ? Il se détourna avec hauteur en me disant que je ne l'avais pas, sinon je saurais ce que c'était. Je passai une journée inconfortable et, le soir, après la prière, je demandai à ma marraine ce qu'était l'âge de raison. Elle réfléchit, puis s'assit au bord du lit. J'étais heureux : nous allions avoir une conversation !

Tout est parti de l'âge de raison. Le premier mot qui vint aux lèvres de ma marraine fut : discernement. Qu'il fallut m'expliquer. Puis : conscience, puis : responsabilité, puis d'autres et d'autres. Mais ce qui me fit battre le cœur c'est que l'âge de raison était fixé à sept ans et que je venais d'en avoir six et demi. Ainsi j'allais aborder l'âge de raison.

Le discours de ma marraine laissait entendre qu'il y avait beaucoup de fruits à en espérer, que c'était une date importante sur le chemin qui devait faire de moi un adulte (mot par lequel les grandes personnes se désignaient entre elles). Mais pour « donner un sens à sa vie », il fallait beaucoup de « persévérance ». Il fallait « prendre des résolutions » et s'y tenir. Tout cela était possible avec la Grâce de Dieu, fruit de nos prières. Elle m'apprit aussi qu'on pouvait inventer nos prières, au lieu d'user des formules consacrées. Je l'avais vue à l'œuvre. Elle traitait humblement d'égal à égal avec Dieu. Lui dans son rôle, elle dans le sien. Elle ne demandait pas de faveurs pour elle, mais pour les autres.

– Pour toi, me dit-elle.

Il fallait que je sache que « le monde m'attendait », que j'aurais un rôle à jouer, que je devais m'y préparer car chacun « apportait sa pierre à l'édifice » et qu'il ne tenait qu'à moi d'en être un élément positif.

Assis sur mon lit, en pyjama, les bras autour de mes genoux, mes genoux au menton, je buvais ses paroles. Je ne savais pas encore qu'elle remettait ma vie entre mes propres mains. Mais j'avais un sentiment aigu de l'importance du moment que je traversais. Elle m'infusa une confiance qui ne devait plus me quitter.

– Mais il est tard, me dit-elle. Tu quittes Pont-l'Évêque demain, il est temps que tu dormes.

Comment dormir après un pareil entretien? Une effervescence incontrôlable agitait tous mes membres. Mes pensées se chevauchaient. Dans la confusion béate de mon jardin intérieur, elle avait tracé des allées, ouvert des perspectives dans lesquelles mon esprit impatient s'engouffrait.

Elle m'avait appris que la religion n'était pas un appendice, une excroissance de la vie sociale, mais le cœur même de notre destinée. Et, fort de cette conviction, je m'élançais vers un avenir doré.

Je serai Chrétien, Chevalier, et Gentleman.

De grands changements s'annonçaient.

Oui, de grands changements, mais pas précisément ceux que j'attendais.

☆

L'octobre suivant, bouillonnant d'impatience, s'ouvrit l'année qui devait trouver son apogée au printemps prochain qui marquerait, avec mes sept ans, mon entrée dans ce fameux « âge de raison », point de départ vers le monde sans défaut des grandes personnes, et qui trouverait son accomplissement dans la perfection définitive des morts.

Le premier changement fut celui de l'école.

Fini les Sœurs et les prières. Fini le long trottoir pavé qui me menait à l'école Sainte-Marie. Je partais dans l'autre sens, vers l'autre école, uniquement peuplée de garçons et de maîtres.

Mais les garçons n'étaient pas tous logés à la même enseigne. Il y avait les externes, les plus nombreux, dont je faisais partie, et les pensionnaires. La pension, dans le langage de ma grand-mère, signifiait punition : si je ne finissais pas mon assiette, si je laissais traîner mes affaires, si j'en venais à travailler moins bien, on m'enverrait en pension. Aussi regardais-je les pensionnaires comme un groupe d'enfants qui avaient désespéré leurs familles. Du fond de la cour, je levais les yeux vers les deux étages du dortoir où les malheureux se déshabillaient les uns devant les autres, ce qui me paraissait le châtiment le plus redoutable que l'on puisse infliger à de jeunes garçons. Comment se tiraient-ils de cette honteuse épreuve ? Déjà je souffrais des culottes vraiment trop courtes que me taillait ma grand-mère, alors, devoir les quitter publiquement était pour moi l'épouvante pure.

À l'inverse des culottes courtes, dans un vieux manteau à elle, elle m'avait taillé un gigantesque pardessus en poil de bique, qui me tombait jusqu'aux pieds, et me donnait l'air d'un chauffeur des années 1900. J'essayai bien de rire de moi avec les autres, mais c'est un exercice difficile. De retour à la maison, je la suppliai de me délivrer de ce déguisement. Elle me regarda, désemparée. « Songe que tu es le seul petit garçon à porter un manteau pareil ! » me disait-elle. C'était bien là le drame. Un chagrin dévastateur me fit jurer que je ne retournerais plus jamais à l'école. Ce fut peut-être la seule révolte de mon enfance. Ma mère sentit toute l'étendue de mon désespoir, et, le lendemain, je retrouvai le capuchon que portait la plus grande partie d'entre nous.

Un autre changement fut l'accès au catéchisme. Pour différentes raisons je dus en suivre les cours à l'église de Saint-Leu. Elle était tout l'opposé de celle de Taverny : sombre, sans histoire, calée en pleine rue entre une boulangerie et une pharmacie, débouchant à même le trottoir où, le dimanche, la voix des crieurs de journaux dominait celle du prêtre. Quand il entonnait le Credo, on entendait : « Demandez, lisez, diffusez *l'Humanité*, organe central du Parti Communiste Français ! », à quoi répondait, un ton plus haut : « Demandez, lisez, diffusez *l'Action française*, organe du Nationalisme Intégral ! » Le recueillement – un mot que m'avait appris ma marraine – s'en trouvait altéré.

Et puis l'opinion sur les deux prêtres était différente. L'abbé Bour, curé de Taverny, promu doyen, était apprécié des chrétiens intermittents qui composaient ma famille. Sa réputation, sa physionomie, sa brusquerie même, tout était en sa faveur. Il avait quelque chose de bon et de furieux qui touchait. Son visage, plein et ferme, sans un trait inutile, ses cheveux blancs presque crépus, son teint mat, sa voix sonore, son indifférence à la popularité, ses colères, tout lui était crédit. On était fier d'être son paroissien, même s'il lui arrivait d'élever la voix dans son confessionnal et d'écarter sans ménagement les pécheresses innocentes qui se présentaient trop fréquemment à son absolution.

L'abbé Toillon, curé de Saint-Leu, était tout autre. Il portait des lunettes, se montrait facilement pompeux, porté à l'enflure. Dans sa bouche, « Jésus » devenait presque « *Jaesus* ». Il était affligé d'un tic qui le contraignait à porter sans cesse la main à sa joue pour remettre sa mâchoire en place. Et puis – grief plus sérieux –, il ne rendait pas la monnaie. Si on venait le trouver pour une messe à intention particulière qui coûtait dix-sept francs, par exemple, et qu'on lui eût donné vingt francs, il disait merci et gardait le tout. On sentait chez lui une volonté dominatrice et une autosatisfaction qui ne le quittaient jamais. Bref, « il se croyait ». Et quand on avait dit cela dans la famille, on avait tout dit.

Quand je dis « la famille », il faudrait peut-être préciser – autre changement – que ma mère s'était remariée, et que j'avais ainsi hérité d'une grand-mère de plus : la mère de son mari. Ni elle ni son fils n'étaient des personnages de rencontre. Ils faisaient l'un et l'autre partie de longue date de mon paysage familier.

Raymond, je l'avais toujours connu. Si quelqu'un a

aimé et pris en considération l'enfant que j'étais, c'est bien lui. Architecte, il m'avait installé auprès de lui et doté d'un équipement en tout point comparable au sien : table inclinée, équerre, té, pistolet, gomme, crayon, compas, papier calque, tout y était. Il conservait comme des merveilles tous mes mots d'enfant sur un cahier que j'ai toujours. D'une écriture nette, appliquée, avec des initiales gothiques, tout est consigné. Sans même que j'eusse manifesté un désir, surgissaient de ses mains fort adroites un cerf-volant, un voilier, un poste à galène, une salle de théâtre, un cuirassé, un téléphone (qui marchait !). Il me manifestait en tout une confiance qui devait durer toute sa vie, sans jamais fléchir un seul instant. Et si les années me sont accordées, je raconterai de quelle manière il contribua à l'enchantement de mon enfance.

Sa mère et lui habitaient une maison imposante, prolongée d'un grand jardin peuplé de pergolas. Le tout situé sur le même trottoir que nous, du côté Saint-Leu, ce qui contribua à m'orienter vers cette nouvelle paroisse. Ma nouvelle grand-mère m'y accompagnait au catéchisme le jeudi, et à la messe le dimanche. Chaque fois nous passions place de la Mairie, devant la pharmacie de mon grand-père, qui venait de se remarier lui aussi, et avec qui ma nouvelle famille était restée dans les meilleurs termes.

Mes souvenirs de catéchisme baignent dans la lumière insuffisante de l'église de Saint-Leu. En levant les yeux je rencontrais un ciel bleu-noir, plus noir que bleu, criblé d'étoiles dorées d'un éclat chétif. Dans cette atmosphère de crypte, l'environnement perdait son relief. Les visages devenaient incertains, les pensées molles.

Aurais-je reçu les choses de la même manière si les cours de catéchisme m'avaient été donnés dans la lumière céleste de l'église de Taverny ? J'étais resté sur l'élan que m'avaient inspiré l'exemple et les propos de ma marraine, et je me retrouvais, comme une chèvre au piquet, broutant l'herbe maigre qui m'était proposée. Uniquement faite de questions et de réponses, la religion devenait une « matière », comme l'histoire ou la géographie, donc une pure affaire de mémoire où les élans et la ferveur n'avaient aucune place.

On apprenait qu'il y avait deux Testaments : l'Ancien et le Nouveau (comme dans la chanson), trois vertus théologales, quatre vertus cardinales, six commandements de l'Église, sept péchés capitaux (équilibrés par sept sacrements), le tout débouchant sur les Dix Commandements de Dieu formulés en termes de comptine.

Mais la grande découverte c'était le constant compagnonnage – que dis-je ? l'envahissante présence – du péché. Il était partout. Nous étions pécheurs, point final. Le péché était originel ; innocents, nous étions tous coupables. Bien sûr le baptême effaçait cela, mais nous demeurions quand même pécheurs et affligions Dieu à longueur de journée et, encore plus, Jésus que nos fautes condamnaient à revivre sans fin le supplice de la croix. C'était un Dieu de terreur, juste sans doute mais impitoyable, qui nous regardait défiler vers l'Enfer.

Pourquoi ma marraine ne m'avait-elle pas parlé du péché qui était si important ? Une pelletée de cendres tombait sur le Chrétien, le Chevalier et le Gentleman. L'avenir n'était pas rose, comme je l'avais imaginé. Et tout ça à cause de nos premiers parents. J'étais partagé entre la conscience de l'injustice qui nous était faite et la colère contre ce couple, gâté, gavé de bienfaits, immortel, et qui avait tout fichu par terre par désir de s'élever ! Quel gâchis ! Et, résultat : la besogne, la maladie, le crime, et la mort. La mort ! Quand je pense que la vie inépuisable devait durer toujours et qu'au lieu de cela elle est si brève ! Que n'étais-je un arbre, pour traverser les siècles !

Depuis cette époque j'ai contracté une méfiance invincible contre nos désirs d'élévation ; j'ai pris l'habitude d'accueillir ce qui m'arrive comme la concrétisation d'un vœu informulé, ce qui m'a grandement simplifié l'existence sans me laisser démuni pour autant.

J'appris aussi que tout le monde n'était pas chrétien. Ce n'était plus une totale surprise car j'avais constaté que certains camarades de classe ne se retrouvaient pas à la messe du dimanche. Il n'y avait donc pas de péché pour eux ? Quels veinards ! Mais j'appris aussi qu'à l'intérieur même des chrétiens, il y avait des différences, et ceci me surprit davantage. Oui, différentes sortes de chrétiens, au premier rang desquels il y avait les protestants. C'est ainsi que j'appris que nous étions catholiques, les seuls à être dans le vrai. Est-ce que nous connaissions des protestants ?

Il n'y avait pas à aller loin : le café-tabac-taxi, en face de la pharmacie, était tenu par des protestants. Ah bon... Et qui d'autre ? Eh bien, à Saint-Leu, un médecin, une dentiste. Et puis le pasteur Bost et sa femme, « Un homme très bien ! » Et puis il y avait un temple. Oui ! À l'entrée de la rue Carnot. Je suis allé voir. Mon Dieu qu'il était petit, dans son jardinet ! Il est vrai que les protestants étaient peu nombreux, mais quand même... à côté des églises !

Et en quoi consistait la différence ? À cette question de peu d'intérêt, les réponses étaient évasives : ils ne croient pas au pape, ils ne croient pas à la Sainte Vierge, et quelqu'un me dit : « Les protestants, ils "se croient" ! » Le curé Toillon qui « se croyait » lui aussi, était-il protestant ? Mais cette confusion s'assoupit d'elle-même : les protestants n'étaient pas assez nombreux pour être longtemps un sujet de conversation. Je les retrouverai plus tard, en Histoire, avec les guerres de religion. Nous n'en étions pas là.

Je commençais à trouver les offices un peu longs, ce qui était nouveau. Je m'absentais. Mes pensées volaient d'une chose à l'autre, comme une mouche vagabonde. Je regardais les statues, les stations du chemin de croix. Je détestais les soldats romains : je les avais vus au cinéma, ce qu'ils avaient fait aux premiers chrétiens ! et à nos ancêtres, les Gaulois ! Celui que je détestais par-dessus tout c'était l'abominable Jules César : la manière dont il s'était conduit avec Vercingétorix ! Un soldat qui vient déposer ses armes, demander pitié pour son peuple, le couvrir de fers, le jeter dans une fosse et le faire étrangler, des années plus tard ! Jamais un chevalier ne se serait conduit comme ça ! Et s'il a été tué, quelques années après c'est bien fait ! Tiens... mais, Alésia, c'est 52 *avant* Jésus-Christ... alors, Vercingétorix et Jules César sont plus vieux que Jésus ?... Ça, c'est pas ordinaire ! Je pensais que Jésus était plus vieux que tout le monde... Ah, monsieur le curé nous fait signe de nous lever. Au fait, comment il fait ses besoins, monsieur le curé ? Ça ne doit pas être commode. Est-ce qu'il enlève sa soutane ? Est-ce qu'il porte quelque chose en dessous ? Pour l'heure, c'est la fin de l'office et il entonne : *Je suis chrétien, c'est là ma gloire, mon espérance et mon soutien...* On a beau chanter tous en chœur, les marchands de journaux crient plus fort que nous... « Organe central du Parti Communiste Français ! »... Qu'est-ce que c'est qu'un « organe central » ? Et « communiste », c'est quoi ?

On sort. On est heureux de retrouver le soleil sur les marches. L'orgue finit de jouer. L'église se vide. On s'attarde. On reviendra jeudi pour une nouvelle leçon de catéchisme. Il faudra que je demande à ma marraine si le catéchisme c'était comme ça, de son temps.

Mais avant d'atteindre la période de la communion, il fallait traverser la Semaine sainte. Ces deux mots enchanteurs débouchaient sur Pâques, ses cloches, ses œufs et ses cadeaux. D'abord on voilait les statues, un linge violet les recouvrait. Puis les cloches, parties pour Rome, se taisaient. Vers cette époque, monsieur le curé se tenait à l'entrée du chœur, les fidèles montaient vers lui et il présentait à leurs lèvres un crucifix d'argent qui renfermait, je crois, un morceau de la vraie Croix ; de l'autre main il effaçait votre haleine avec un mouchoir de batiste.

Ce petit moment de piété créait une diversion appréciée. Mais il y avait mieux encore pour quelques élus : monsieur le curé Toillon accueillait certains d'entre nous dans le chœur, où nous nous déchaussions, puis il nous lavait les pieds – d'une façon un peu sommaire, certes, sans savon –, puis les essuyait, puis y portait les lèvres. Exactement les gestes de Jésus à genoux devant ses disciples. Je me demandais comment l'abbé Toillon encaissait cette cérémonie d'humilité... Puis, le soir, à l'Office des Ténèbres (encore une expression qui faisait rêver), il se faisait tout un bataclan derrière l'autel, avec des crécelles, des tambours, des détonations, des chutes d'objets, figurant la fin du monde. Et le lendemain avait lieu (cérémonie qui me fixa pour jamais dans la suite de Jésus) le Chemin de Croix.

Les aspects les plus éthérés de la religion étaient brutalement confrontés à la réalité sanglante et définitive. Cette cérémonie confortait mes fraîches convictions. Et jamais, depuis cette époque, moi, chrétien insuffisant, je n'ai manqué ce rendez-vous annuel avec le Golgotha ; je revis, avec une émotion que les années n'ont pas émoussée, chacune des étapes, jusqu'au « Tout est consommé ». Aussi, pour moi, le spectacle d'un individu livré à la foule est une des choses les plus répugnantes que l'on puisse voir. Si ferme que soit mon combat, si vif mon ressentiment, je ne suis pas fait pour les huées et les crachats. Le Chemin de Croix m'en convainc davantage chaque année. L'enfant n'avait pas encore rencontré cet aspect hideux de la nature humaine, mais il plaignait la mère qui voit son fils monter vers le supplice, et, déjà, le petit garçon retenait le geste de pitié de Véronique essuyant la face du condamné, la présence compatissante des femmes de Jérusalem, et peut-être, s'édifiait-il en lui, à son insu, une confiance indestructible dans le courage des femmes.

Et, d'une station à l'autre, il chantait :

Sancta Mater, istud agas
Crucifixi fige plagas
Cordi meo valide...

...au début sans en saisir le sens, et, aujourd'hui, il les chante au fond de lui puisque ces paroles sont désormais répudiées par l'Église.

Enfin, derrière le supplice et l'ensevelissement, éclatait la Résurrection. Pâques, son allégresse et sa vérité.

Les cloches, revenues de Rome, inondaient d'une félicité nouvelle les cieux et les cœurs pleins de joie, et nous allions au jardin relever les présents qu'elles avaient déposés pour nous.

Je comptais les jours jusqu'au jour illuminé de ma communion privée. On me disait que j'allais recevoir Jésus dans mon cœur. Ce qui me paraissait un peu gros, sachant bien que ce qu'on avalait ne prenait pas la direction du cœur. Mais à Dieu rien n'était impossible. Ce qui me préoccupait davantage, c'était de ne pas blesser le corps de Notre Seigneur en recevant la Sainte Hostie. Aussi, la dernière semaine, je m'entraînai quotidiennement à avaler force cachets de la pharmacie sans que mes dents les touchassent le moins du monde. Et puis il faudrait veiller à ne rien manger passé minuit, pas de petit déjeuner, pas même de café, et, finalement, bien prendre garde de ne pas avaler un peu d'eau ou une miette de dentifrice en se lavant les dents.

Mais l'ultime épreuve avait lieu la veille : la Confession.

Il fallait avouer ses péchés. Le confessionnal, où je n'avais jamais pénétré, m'inquiétait. Il ne laissait voir que le bas des pénitents à genoux, un rideau cachait la tête et les épaules. Cette mutilation temporaire, les chuchotements, le claquement des petits panneaux coulissants m'impressionnaient. Mon tour approchait. Je savais la première phrase à dire, mais est-ce que je me souviendrais des paroles du *Je confesse à Dieu* et, à la fin, de l'acte de contrition ? Et, entre les deux, c'était le territoire inconnu des péchés.

Voilà, c'est à moi ! Je m'avance, le cœur battant. Je soulève le petit rideau et je m'agenouille dans l'obscurité. Je retiens mon souffle. J'entends uniquement la voix du curé Toillon qui absout un camarade du catéchisme... clac ! il ferme le petit volet... clic : il ouvre le mien. Je le distingue à peine à travers le croisillon de bois. Et je plonge :

– Pardonnez-moi, mon Père, parce que j'ai péché.

– Qu'est-ce que tu as fait ?

– ... Euh...

Le trou noir. Il vient à mon secours.

– Tu as été désobéissant ?

– Oui, quelquefois...

– Et puis ?

– Et puis... j'ai été bavard en classe.

– C'est pas bien ! Et puis ?

– Et puis... j'ai répondu.

– Ah ! il ne faut pas répondre, ce n'est pas bien. Et puis ?

– Et puis... (Tout à coup la mémoire me revient.) Je n'ai pas fini mes pommes de terre.

– Ah ! Il faut finir ce qu'on te donne. Pense aux malheureux qui n'ont rien à manger. Et puis ?

Mais rien ne me vient.

– Je crois que c'est tout...

– Tu n'as pas eu de mauvaises pensées ?

– ... ?

Silence de ma part. Comment peut-on avoir de mauvaises pensées ? Qu'est-ce qu'il veut dire ?

– Eh bien ?

– Non..., dis-je, dans un souffle.

– C'est bien. Tu vas demander pardon au Bon Dieu pour tous ces péchés, et promettre de ne pas recommencer. Tu vas réciter ton acte du contrition, pendant que je te donne l'absolution. Puis tu diras, pour ta pénitence, un *Notre Père* et un *Je vous salue, Marie.* Va en paix.

Clac ! Le volet est fermé. Je pense que je ne m'en suis pas trop mal tiré, comme après un examen. Je soulève le voile et retrouve la lumière du jour. Je vais accomplir ma pénitence, soulagé et heureux.

Je ne garde aucun souvenir du jour même de ma première communion.

☆

Le mariage de Maman eut lieu quelques semaines plus tard. Elle était très gracieuse en robe longue, sous sa capeline. Moi, je devais ressembler à un page : petite culotte courte de velours noir, écharpe crème faite de deux pans de crêpe croisés sur la poitrine et noués sur le côté. Tout cela coupé et fabriqué par ma grand-mère qui s'était taillé pour elle-même une robe noire très imposante.

Ce fut une belle journée. On se rendit d'abord à la mairie. Au milieu de la cérémonie, le secrétaire me fit signe de m'approcher et me remit un plateau d'argent dont j'ignorais la destination. Accoutumé aux cérémonies de l'église, je le portai pieusement à mes lèvres, le baisai, et le lui rendis. Malentendu ! Il s'agissait de faire la quête pour les œuvres de la commune.

Puis nous roulâmes vers Paris dans le taxi de Watelle, le protestant, jusqu'au Grand Hôtel où avait lieu le banquet. J'avais décidé de briller devant la famille de Raymond à laquelle on allait me présenter. Réunies dans une pièce, une trentaine de personnes se congratulaient. Par une porte entrebâillée, je me glissai dans la salle du banquet, saisis la carte du menu, et revins la déclamer au milieu de l'assistance. Rire et scandale. On me fit taire.

Je mangeai de tout, et, au retour, ne pus me contenir jusqu'à Taverny : je me projetai en dehors de la portière pour ne pas déshonorer le taxi. Entre deux hoquets, je songeai que j'avais quand même passé une bonne journée. Et, comme un bonheur n'arrive jamais seul, j'appris que Raymond allait rester coucher à la maison !

Je fis à mon père le récit de cette journée. Il me dit que ce mariage ne l'étonnait pas, et qu'il avait un jour trouvé Raymond aux pieds de ma mère, lui déclamant des vers de sa composition. Il profita de l'occasion pour me dire que lui aussi allait se remarier et que, dans peu de temps, je connaîtrais sa nouvelle femme, Tante Juliette. J'étais gâté ! Mon grand-père s'était remarié quelques mois plus tôt avec Tante Blanche : la poitrine la plus opulente que j'aie jamais vue.

Bien sûr, je ne fus pas de la noce de mon père. Tante Juliette était la fille d'un bistro de Sannois, très jeune, très douce, belle et diaphane, qui devait mourir quelques années plus tard. Sans attendre, mon père avait déjà commencé une troisième idylle.

☆

À la rentrée suivante, je repiquai au catéchisme, mais avec plus d'ardeur car j'avais un objectif : si je m'en montrais digne, je serais le parrain de la petite sœur qu'on nous livrerait en février. Pourquoi pas avant ? Chaque samedi on pouvait acheter des enfants au marché. Ils étaient de différents modèles, présentés en cartons suspendus à certaines échoppes, tantôt figés, tantôt souriants, ballottés par de légers courants d'air, vêtus de robes, de tabliers, de petites culottes... Pourquoi attendre ? On m'expliqua alors qu'on n'achetait pas les petits enfants au marché, mais qu'ils venaient, les petites filles dans les roses, les petits garçons dans les choux. Décidé à hâter les choses, je défonçai le carré de choux du jardin sans rien trouver. Il fallut m'arracher des mains de ma grand-mère. Pour éviter le massacre des roses, on m'expliqua que, finalement, oui, on achetait les enfants au marché, mais que le modèle de petite sœur qu'on souhaitait n'était pas encore arrivé. Alors à quoi rimait cette histoire de roses et de choux ? Décidément, les grandes personnes sont parfois incohérentes !

Pour moi, j'avais été livré comme convenu, un samedi à 17 heures, le 29 mai précisément. Ma mère prenait le thé. On avait sonné à la porte du couloir. On lui avait dit : « Voilà le petit garçon que vous avez commandé », elle avait payé, et voilà tout. Récit corroboré par mon père qui disait que j'étais arrivé comme une lettre à la poste.

Investi de cette nouvelle responsabilité, conscient des devoirs qu'elle impliquait, et soutenu par l'exemple de ma marraine, je m'efforçai de donner dans tous les domaines le meilleur de moi-même. Je m'appliquais au catéchisme, et, chaque semaine, je revenais de l'école avec la croix.

L'école m'apportait un bonheur quotidien. J'étais monté de classe. C'était d'autant plus exact que la nouvelle salle se situait au-dessus du préau ; elle était plus lumineuse que l'ancienne, éclairée par deux fenêtres qui donnaient, d'un côté, sur les puissants marronniers de la cour, et de l'autre (près de ma place), sur le potager du directeur. C'est là que je m'épris à jamais des dictées d'automne : les feuilles qui tombaient dans le texte tombaient aussi dans la cour ; la même pluie que l'auteur décrivait frappait au même moment les vitres de la classe. La vie et les livres se rejoignaient. Une extase ! Surtout lorsque, suprême expression de la saison, la neige, la neige elle-même, fidèle au texte, descendait lente et sourde, « consolatrice » comme disait l'auteur.

Tant de beautés réunies me suffoquaient. Et l'enfant jetait sa tête au creux de son coude, dans l'odeur chaude de la blouse noire, et s'écoutait vivre.

Plus tard, lui aussi il composerait des dictées apportant du bonheur à d'autres écoliers, ajoutant son nom à ceux qu'il se répétait à voix basse : Émile Moselly, Jean Nesmy, André Theuriet, Édouard Estaunié, Ernest Pérochon, et, bien sûr, les Alsaciens Erckmann-Chatrian et André Lichtenberger. Et quand mes tantes me dirent qu'elles avaient bien connu André Lichtenberger à Mulhouse, la boucle fut bouclée : l'écriture et la vie se rejoignaient. Tout était possible.

Un soir, à mon retour de l'école, on me dit que j'irais coucher « au 45 », chez ma nouvelle grand-mère. La petite sœur était annoncée. Il fallait tout préparer. Il valait mieux que je ne sois pas « dans les jambes ».

J'aimais bien la maison du « 45 » que je connaissais déjà ; le seul inconvénient était qu'il y avait zéro livres. Juste un copieux catalogue de la Manufacture des armes et cycles de Saint-Étienne, lourd de carabines, de cannes à pêche, de bottes, de vélos..., que j'avais déjà feuilleté cent fois.

Puis, au matin, la grand-mère m'éveilla. Ça y était !

La petite sœur avait été livrée dans la nuit ! Je bondis jusqu'à la maison. Maman était encore au lit ; elle serrait contre elle une petite pièce humaine, langée, fripée, placide, qui s'appelait Marie-Thérèse, et avec qui j'essayai d'entamer un dialogue.

Le baptême eut lieu quelques semaines plus tard. À cette occasion je renouai avec l'église de Taverny, si ancienne, si accueillante. Je tenais ma petite sœur dans les bras tandis que le prêtre versait l'eau lustrale sur son front et déposait quelques grains de sel sur ses lèvres. Je portais à présent une petite chrétienne. Elle venait de se voir attribuer un Ange Gardien, que j'imaginais conversant avec le mien au-dessus de nos fronts rapprochés. Il faisait beau sur le parvis de l'église où les paroissiens qui avaient assisté à la grand-messe achevaient de se disperser. Les heureux parents, les grand-mères recevaient des compliments. Les cloches déchaînées frappaient l'air à grands coups. Toute la vie était belle.

Par les fenêtres de la voiture, on jetait des dragées enveloppées de papier de soie. Dans le tournant de la rue de l'Église on vit monsieur Rousseau, entouré de quelques-uns de ses six enfants, nous souriant et faisant des gestes d'amitié. On jeta des dragées.

Monsieur Rousseau mourut dans la nuit. On l'apprit au matin, remplis de stupeur. On se le répétait l'un à l'autre pour y croire. Cette mort subite, perçue comme une détonation, marqua la fin de l'état de fraîcheur absolue dans lequel j'avais avancé jusqu'ici. La mort, la mort terrible, venait d'agripper un vivant qui nous souriait. Bien sûr il y avait eu la mort du grand-père Lemery, celle du grand-père Demorieux – aucun des deux n'était en fait mon grand-père –, celle du petit Richard, qu'une méningite avait arraché à ses frères et sœurs, et ce garçon à peine plus grand qui avait couru après sa balle au milieu de la chaussée et qu'une voiture avait fauché ; on l'avait transporté chez Planchard et il était mort sur les carreaux de la pharmacie. Mais c'était des morts de récit. Je n'avais rien vu, tandis que le sourire de monsieur Rousseau me poursuivait, et me poursuit encore. Les années n'y font rien.

La maison Rousseau était petite, chaleureuse, un peu désordre, et gaie. Mais, comme on dit aujourd'hui, la situation financière était tendue. Aussi, le matin même de la nouvelle, ma mère commença à dresser une liste des gens qui pourraient peut-être leur venir en aide. Et, l'après-midi, dans la B 14 de Raymond, je les accompagnai à travers la commune jusqu'à des rues lointaines que je n'avais jamais connues. Ils sonnaient aux grilles, expliquaient. On leur ouvrait ; les uns savaient déjà, les autres pas. Tous donnaient. On reprenait la voiture. On allait plus loin.

À un moment, on passa devant un petit enclos où s'ébattaient les plus jeunes des enfants Rousseau que des voisins avaient hébergés. Ils ne savaient rien encore. Je les voyais grimper aux arbres, plus qu'insouciants, heureux de cette diversion imprévue qui leur permettait de nouvelles prouesses.

La vie prenait un visage bien différent de celui que je lui connaissais. Il fallait apprendre que le bonheur des uns et l'infortune des autres, que l'insouciance et la détresse marchent côte à côte, et combien vite on pouvait passer d'une colonne dans l'autre. L'image de ces têtes très blondes et très rieuses m'accompagna jusqu'au soir où je leur fis place dans mes prières.

Le trépas de monsieur Rousseau, arraché aux

siens en pleine nuit, gardait toute sa résonance dans mes pensées et suscitait des réflexions nouvelles dans lesquelles la mort affirmait sa présence. La mort et ses conséquences sur la vie éternelle. Cela me mettait du plomb dans la cervelle, comme on disait autour de moi.

Du plomb, j'en reçus une décharge supplémentaire quelques semaines plus tard, au catéchisme.

On passait en revue les sacrements. On arriva au mariage. C'est vrai qu'un jour je serais marié. Je regardai machinalement de l'autre côté de l'allée, vers les filles, en me disant que celle que j'épouserais un jour était peut-être déjà là.

Puis, du mariage on passa au divorce. Et là, brutalement, les choses s'aggravèrent : le divorce était un péché mortel. Et le péché mortel, c'était l'enfer. D'autant plus qu'on ne pouvait pas se confesser d'un divorce. Je reçus un coup à l'âme, tout en repoussant la pensée que mes parents pourraient aller se consumer éternellement en enfer. Je chassai cette insistante pensée comme on cherche à écarter un insecte importun. J'étais si concentré que, parfois, un geste de la main m'échappait. Mais la pensée revenait, me chagrinait, me désolait, et finissait par m'anéantir.

Impossible de dire un mot à ma mère. Je la regardais et l'horreur me clouait la langue. Avec beaucoup de précautions, et affectant une indifférence légère, je m'en ouvris à mon père que je voyais un dimanche sur deux, à Paris, chez les tantes. Sa réponse fusa comme un projectile : ça ne le concernait pas, ce n'était pas lui qui avait demandé le divorce, il était bien tranquille.

Restait ma mère. Ma mère en enfer ! Elle que tant de gens aimaient et appréciaient, qui venait encore de donner toute la mesure de sa bonté en se dévouant pour aider les enfants Rousseau et leur mère ! Comment cela était-il possible ?

Oh ! je n'y pensais pas tout le temps. Mais, à chaque fois, un corset d'acier serrait ma poitrine et paralysait mes pensées.

Il fallait bien continuer à vivre, même si d'autres déconvenues m'attendaient.

C'est vrai que chaque samedi j'emportais la croix. Je n'avais aucun mérite : j'adorais l'école. Apprendre était un élixir euphorisant qui allégeait mes tourments. Chaque lundi ouvrait la perspective de nouvelles découvertes.

Un samedi, ma mère me complimenta, puis dégrafa ma croix : à la porter constamment, je finirais peut-être par « me croire », ce qui était, je l'ai déjà dit, le péché suprême, et puis, lorsque j'allais faire les courses, cela risquait à la longue d'indisposer les commerçants dont les enfants avaient de moins bons résultats

Je fus surpris, mais non peiné. Peut-être ma mère avait-elle raison. C'était pour mon bien. Au fond, ce n'était pas la croix que je regrettais, mais le ruban. Car, chaque semaine, ma grand-mère, piochant dans ses étoffes, ses galons, ses broderies, s'ingéniait à trouver des couleurs toujours nouvelles.

« C'est la vie ! » comme disaient les grandes personnes.

Mais je n'étais pas au bout de mes surprises. Mes résultats étant brillants, mon avenir plein de promesses, on m'annonça que le cadre de la pension se prêtait on ne peut mieux au développement de mes facultés.

Je restai figé. La pension que l'on m'avait toujours présentée comme le châtiment réservé aux enfants paresseux, indociles, dissipés, devenait un paradis pour les études. Et j'y avais droit.

Aucune révolte de ma part. Aucun jugement. Les grandes personnes étaient parfaites. C'était pour mon bien. Tout était dit.

Et où était cette pension ?

On hésitait encore. L'une était chez les Pères, à Poitiers. L'autre chez les Frères, dans la vaillante Belgique. On me mit en main deux petits livrets qui présentaient les établissements. Et j'en tournais les pages en rentrant de l'école, tout en suçant ma tablette de chocolat Nestlé qui renfermait une image à coller dans mon album *Les Merveilles du Monde.* Défilaient sous mes yeux les salles de classe, les réfectoires, les cours, la chapelle, les gymnases et les grands dortoirs qui m'effrayaient tellement.

Avais-je une préférence ?

Non.

Finalement ce fut la gare du Nord qui l'emporta. Pour Poitiers il aurait fallu traverser Paris. La gare du Nord évitait ce désagrément, j'irais donc chez les Frères, en Belgique.

On se montra prévenant, comme avec un malade :

– Qu'est-ce qui te ferait plaisir ?

Je savais déjà qu'il était inutile de répondre à ce genre de question.

On décida que ce serait une choucroute.

On irait en manger une en face de la gare du Nord, avant de prendre le train pour Froyennes.

De cette époque intermédiaire, entre l'école et la pension, date la distance que je pris l'habitude de mettre entre moi et la vie.

Il fallait ne rien souhaiter, ne rien espérer. Être

attentif, et se réjouir de ce qu'apportait chaque instant de l'existence. Bon ou mauvais. La différence n'était pas grande.

J'irais manger la choucroute.

Je faisais l'apprentissage de la mélancolie.

Frédérique

« Que Dieu se montre seulement... », chantait Mémé de sa voix souveraine, et j'étais terrifiée.

Non pas à l'idée de voir Dieu apparaître – bien au contraire, cette éventualité m'emplissait de ravissement et de gourmandise – mais, à quatre ans, ignorante que j'étais de la signification du psaume LXVIII, je voyais un ordre là où il n'y avait qu'une simple supposition.

Un ordre à Dieu ?

Elle prenait des risques, Mémé !

Naturellement Il ne se montrait jamais. Il devait la trouver mal élevée et la punissait en ne lui obéissant pas. Pourtant l'amour qu'elle Lui portait était aveuglant. Je la regardais chanter et la lumière devenait plus vive dans le temple, comme quand on monte la mèche d'une lampe afin d'y voir plus clair. Pourquoi n'était-Il pas sensible à cet amour ? À qui le demander ?

En découvrant que je ne pouvais le demander à personne, je compris que Dieu n'en voulait nullement à Mémé, mais à moi. C'était ma présence qui l'empêchait de se manifester. J'étais sûre qu'Il se montrait chaque fois que je n'étais pas là. D'ailleurs

Mémé disait : « Dieu est partout », ce qui prouvait qu'elle L'avait vu.

Elle avait la foi-qui-déplace-les-montagnes, et si elle ne déplaçait pas nos Cévennes, c'était parce qu'elle les aimait telles qu'elles avaient été créées. Inutile de vous préciser par Qui.

Nous étions protestants dans la famille. Tous. Mais personne ne l'était de la même façon. Mémé proclamait : « Je suis protestante ! » aussi fort qu'elle chantait le psaume de David; ma grand-tante Marguerite se taisait. « Ma pauvre sœur a perdu la foi le jour où son fils est tombé à Verdun. » Vingt ans. Georges. Un beau garçon. Mémé soupirait, se taisait aussi. Parfois elle se mettait en colère contre Louis XIV avec tant de violence que je crus longtemps qu'il était encore vivant. Elle le détestait à cause de la Révocation. Puis, brusquement, elle me disait : « Ta mère est libre-penseur ! », comme elle m'aurait dit : « Ta mère est tuberculeuse ! » Ces informations, je le précise, ne me furent jamais données à l'occasion d'un cours magistral, mais au hasard, dans le désordre, et sans explications.

Née à Nîmes, dans une famille dominée par le Livre et le Verbe, à peine sevrée je fus livrée au non-dit et jetée dans la perplexité, comme ces enfants que leur mère précipite dans l'eau avant même de leur avoir appris à nager. L'instinct de survie, le goût de la connaissance me sauvèrent de la noyade, et j'appris beaucoup de choses en écoutant les propos des grandes personnes qui ne m'étaient pas adressés. Très vite je renonçai aux questions directes. Je me mis à glaner les nouvelles au ras du sol, et je me trouvai bientôt à la tête d'une banque de données aussi incohérentes que merveilleuses.

Protestants...

« C'est le contraire de catholiques », m'avait dit Marie, la petite bonne de Mémé.

Le contraire ? J'étais bien avancée ! Heureusement Marie baissa la voix et me confia : « C'est pour ça que tu n'as pas de médailles ! Y-z'y ont pas droit ! »

J'en sifflai de saisissement et de dépit.

« Siffle pas ! cria-t-elle en me plaquant une main qui sentait la javel sur la bouche. Tu vas faire pleurer la Sainte Vierge ! »

Allons bon ! Non contente de faire fuir Dieu, voilà que je faisais pleurer sa mère !

« Déjà que vous l'aimez pas !

– Qui ?

– La Sainte Vierge !

– La Sainte Vierge ? On n'aime pas la Sainte Vierge ? »

Cette fois, c'était moi qui pleurais.

Marie – celle de Mémé – étouffa mes larmes avec un morceau de fougasse rassie que j'avalai en me jurant de siffler devant la première Sainte Vierge que je rencontrerais pour voir si elle allait pleurer vraiment. Je savais que ce ne serait pas facile. Chez Mémé il n'y avait ni crucifix, ni madone à l'enfant, et, naturellement, aucune médaille puisqu'on n'y avait pas droit.

Protestants...

« On ne voit jamais mes enfants au temple... »

Cachée derrière un fauteuil, j'écoutais avidement.

Mémé ne m'avait pas entendue entrer, elle parlait à la cousine Juliette qui était si triste qu'elle avait toujours l'air de vous faire une visite de condoléances.

« Ils savent que tu amènes la petite au culte ? »

Mémé haussa les épaules.

« Nous n'en parlons pas. »

« Ils ferment les yeux », avait soupiré la cousine plus condoléante que jamais. Elle ajouta : « Pauvre petite ! » sur un ton qui m'aurait donné envie de la mordre au sang si elle avait été d'apparence comestible.

L'essentiel m'échappait, mais ce dont j'étais sûre c'était qu'il y avait un problème. Et ce problème c'était moi. C'était pour ça que Mémé et mes parents se taisaient entre eux et avec moi... Qu'est-ce que j'avais fait ? Le péché originel peut-être ? Mais qu'est-ce que c'était le péché originel ? Ça commençait mal avec Dieu, et je devinais que mes relations avec Lui ne seraient pas simples.

Libres-penseurs...

Marie ne put pas me renseigner. Elle ne savait pas ce que c'était.

« Mais c'est pas bien », m'assura-t-elle avec conviction.

Maman était libre-penseur à cause de son père qui l'était aussi. Enfin, qui l'avait été de son vivant, puisqu'il était mort depuis longtemps. Je ne devais découvrir que plus tard qui il était vraiment. Mais patience ! là, je ne sais pas encore lire, j'écoute.

Papa n'allait pas au temple, mais se rendait parfois au-Désert-pour-des-Assemblées-sous-les-châtaigniers-séculaires-qui-avaient-vu-les-dragons. Merveilleux, non ? Malheureusement il ne m'emmena jamais avec lui, et je fus privée de dragons. Il pouvait les voir, mon Papa, parce qu'il était un-écrivain-protestant. Tout le monde le disait. Sauf mon Papa, parce qu'il n'aimait pas parler de lui. Et surtout pas répondre à mes questions. Le jour où je lui avais demandé : « Qui a fait le ciel et la terre, Papa ? », il avait eu l'air aussi embêté que Maman quand je lui avais demandé comment on faisait les enfants.

Ils m'avaient du reste répondu la même chose tous les deux : « Tu es trop petite. » « Pour combien de temps ? » Là encore, pas de réponse.

Une seule chose était sûre : si une fillette au Jardin de la Fontaine, entre la Tour Magne et le crocodile de fleurs, me demandait si j'étais catholique ou protestante, je savais que je devais répondre : « Protestante. » Toute la famille me l'avait dit. Maman, Mémé, Tatie, Papa. Tous. Mais j'aurais voulu en savoir plus.

Heureusement, il y avait les camisards. Ils m'ont beaucoup aidée. Je plaignais les protestants qui ne descendaient pas des camisards, les protestants qui n'étaient pas nés dans nos belles montagnes, si belles que la foi de Mémé n'osait pas y toucher. Les Cévennes sont un catéchisme vivant, un livre d'Histoire jamais refermé où la nature et l'homme se sont épousés devant Dieu pour l'éternité.

C'est qu'Il savait ce qu'Il faisait en créant les Cévennes ! Il savait qu'on pouvait dire : « Dieu n'existe pas ! » mais Il savait aussi qu'on ne pourrait nier l'existence des martyrs, des galériens pour la Foi, ou des prisonnières de la Tour de Constance. « À Lui seul la gloire », chantait Mémé. Peut-être, mais quel honneur de porter dans notre famille les noms des Chamson, des Hébrard, des Mazauric, qu'on lisait sur la matricule des galères et les registres d'écrou de la Tour. Ces ancêtres étaient nés dans nos montagnes, avaient chanté le psaume LXVIII avant la bataille où ils défendaient le droit d'être baptisés dans la religion de leurs pères.

Tout le monde était baptisé dans la religion de nos pères chez les Chamson, les Hébrard, les Mazauric, les Aldebert, les Clauzel, les Brousson, les Girard, les Gounelle, les Berthézène...

Tout le monde, sauf moi.

Je n'étais pas baptisée.

☆

J'avale l'alphabet sous forme de pâtes à potage. Tatie a été institutrice et se réjouit de nourrir à la fois mon corps et mon esprit.

« Épelle ta soupe, ma Riquette... »

J'assemble les lettres molles, je forme des mots, j'épelle, j'engloutis... je lis. La famille est dans la joie, et Papa me donne mes deux premiers livres.

La Bible et *Les Mille et Une Nuits*.

J'ouvre la Bible et qu'est-ce que je lis ? *Dieu créa, au commencement, les cieux et la terre.*

« Oh ! Merci, Papa ! »

Il est déjà reparti, mais j'ai de quoi m'occuper avec ces livres qui associent une fois pour toutes dans ma petite tête l'imaginaire de Vérité et l'imaginaire de Merveille.

Mémé est contente. À cause de la Bible, mais je dois avouer que je plonge surtout dans l'autre livre, qui a des images. L'une d'elles me fait rêver. Une jeune femme voilée, un cavalier sur un cheval noir cabré au milieu des sables... *Dans ce désert, madame, nous sommes dans la main de Dieu comme au milieu d'une mosquée.*

« Ce sont des mahométans », me dit Tatie.

Ni catholiques, ni protestants.

Ça ne fait rien, je sais maintenant que Mémé a raison : Dieu est partout.

Et ma sainte patronne est pour toujours Schéhérazade, celle qui sauve sa vie et la vie des autres en prononçant ces mots magiques : « Il était une fois... »

Je refuse les pâtes à potage, épisode dépassé, je lis maintenant couramment dans mes livres, et surtout dans ma tête. Je ne suis pas encore écrivain, mais je suis déjà scénariste. En promenade – on me fait parcourir sans cesse la Fontaine, la garrigue, le chemin des mazets, le cimetière protestant, la voie Domitienne –, je n'arrête pas d'imaginer des cas de figures, des intrigues, des drames, des dénouements, des coups de théâtre, et, un jour, dans une allée qui monte à la Tour Magne, je SAIS pourquoi je ne suis pas baptisée, je SAIS pourquoi Maman est libre-penseur. C'est parce que nous appartenons à l'Antiquité. Nous datons d'avant Jésus ! Félix Mazauric, âme et conservateur des musées de Nîmes, père de ma mère, mon propre grand-père, est tout simplement le dieu Nemausus !

Je me doutais qu'il y avait un mystère pas ordinaire autour de ma naissance, mais alors, celui-là, il est de taille !

Tout s'éclaire pour moi mais je ne fais part de ma découverte à personne. La tante Marguerite m'a lu, dans un ouvrage qui raconte l'Olympe aux enfants, qu'il ne faut jamais révéler les secrets des dieux. On meurt foudroyé et il ne reste de vous qu'un petit tas de cendres qu'Éole disperse de son souffle. Je me tais, mais je SAIS.

Ô chère Colonia Augusta Nemausensium, on ne parcourt pas impunément ton cardo et ton decumanus, on ne respire pas sans effets secondaires le parfum du laurier et des myrtes de tes sept collines, on ne pose pas sans danger son jeune front contre tes pierres blanches.

Loué sois-tu, ô divin pépé !

☆

Mais la Vérité est la roche Tarpéienne d'où s'abîment les Merveilles.

Il suffit d'un dimanche à l'Espérou pour remettre les choses en place dans ma tête, c'est-à-dire pour me livrer au doute une fois de plus.

À l'Espérou, le temple tourne le dos à l'église. Résultat, l'église tourne le dos au temple, ce qui donne une idée précise de l'état d'esprit des bâtisseurs.

Deux joujoux posés sur la pente. Adorables. Ennemis.

Après le culte – ou avant ? peu importe, ma mémoire n'a filtré que l'essentiel –, un grand pasteur calme réunit les petits enfants sur l'herbe du parvis.

Il ouvre sa Bible et nous regarde tous avant de lire un passage qu'il a marqué d'un ruban de soie. Il nous sourit et commence :

Le loup habitera avec l'agneau, et le léopard gîtera avec le chevreau ; le veau, le lionceau, et le bétail qu'on engraisse, seront ensemble...

Il prend un temps, sourit encore, avant de poursuivre, alors je m'écrie :

– *... et un enfant les conduira !*

Stupeur du pasteur.

Tout le monde me regarde, je suis écarlate.

– Bien, dit le pasteur. Très bien ! Tu dois avoir de bonnes notes à l'École du dimanche !

Je baisse la tête, honteuse mais loyale :

– Je n'y vais pas.

– Et tu connais le livre d'Ésaïe ? s'étonne-t-il.

Je reste muette. Autodidacte, anarchiste de la Bible, je nage dans l'Ancien et le Nouveau Testament sans guide ni méthode. Je suis tombée par hasard sur la Montagne sainte, et rien n'est plus beau à mes yeux que la fraternité des espèces et le règne de l'innocence sur la Création, mais c'est trop difficile à expliquer. Je me tais.

Quand Mémé est arrivée, le pasteur l'a prise à part et ils ont parlé ensemble longuement en me regardant d'une drôle de façon, à la fois inquiète et joyeuse. J'ai entendu « pas baptisée », et j'ai eu honte.

Quand nous sommes parties, Mémé s'est seulement penchée vers moi et m'a dit :

– C'est l'annonce du Règne du Messie, Ésaïe XI-6.

Merci, Mémé.

La France. La Patrie. La République. L'Honneur. Le Travail. Le Mérite. Le Devoir. Le Respect des Autres...

Ces divinités tutélaires entourèrent mon enfance comme les fées entourèrent le berceau de la princesse du conte. Elles étaient sévères, mais justes. Pour leur plaire il fallait faire le Bien, et le proclamer, à l'aide de la plus sévère des divinités tutélaires : une bonne Orthographe.

C'est que Mémé était une femme de gauche, et qu'en ce temps-là la gauche ne badinait pas avec la République et les Vertus. Et encore moins avec l'Orthographe ! Elle était féministe et achetait un savon militant qui portait, gravé dans sa pâte, ces mots prophétiques : *La femme doit voter.*

Elle était plus impitoyable à elle seule que toutes les fées de mon berceau. Mais elle m'aimait et avait des faiblesses pour moi. Ma situation de protestante insolite la désolait. Croyante, elle désirait m'élever dans sa foi ; honnête, elle n'osait pas trahir la volonté laïque de mes parents qui lui avaient dit : « Elle choisira plus tard. »

Alors elle avait de petites malices innocentes, comme cette prière du soir qui ressemblait plus à un câlin qu'à une prière et qu'elle me faisait dire en provençal, suprême malice :

Moun Dieú
Sieú tiéu !
Me plegue dins ma flassadeto
Adieú * *!*

Je m'endormais dans les bras de Dieu comme entre les pattes d'un gros nounours, je retrouvais la Montagne sainte, et Mémé soupirait, un peu triste, ignorante qu'elle était de l'essentiel. C'est vrai, Mémé, ni toi ni moi ne l'avons deviné, mais, maintenant, je sais : tu étais contagieuse.

Avec tout ça je n'avais toujours pas trouvé ma Sainte Vierge pour siffler devant, mais j'y pensais sans cesse.

☆

Je vécus à Nîmes pendant mes cinq premières années.

L'été, la tante Marguerite me conduisait au Grau-du-Roi. Pas de prière et pas de temple avec elle, à cause de Verdun, mais elle me faisait quand même saluer *la vieille ville d'Aigues-Mortes* et la sinistre tour où le Roi et ses dragons avaient enfermé les pauvres camisardes. Ça me faisait de la peine d'être triste pour elles devant le rempart de cette ville d'Orient posée sur terre chrétienne par Saint Louis. J'aurais aimé y imaginer les amours de l'esclave Tourmente et de Schem Sedim Mohamed. Je conti-

* *Mon Dieu je suis à toi, je me roule dans ma petite couverture, adieu !*

nuais la rédaction des *Mille et Une Nuits* à ma manière, sans pour autant renoncer à fréquenter l'Olympe où je buvais le nectar avec les dieux, et surtout avec mon grand-père Nemausus, le libre-penseur.

Ces mondes parallèles faisaient bon ménage et s'accommodaient des intermèdes cévenols, avec temple quand ma grand-mère était là, sans temple quand j'étais seule avec ma grand-tante.

Pourtant, une fois, il se passa une chose extraordinaire. C'était à Valleraugue, dans un appartement que ma grand-tante louait au deuxième étage d'une maison qui donnait sur l'Hérault. Nuit et jour le torrent accompagnait la vie de son murmure, souvent doux, parfois joyeux, mais terrible au moment des crues.

Cet été-là, comme tous les étés, la tante Marguerite avait invité sa propre tante à venir passer quelques jours avec nous. La tante Clémence était la sœur de mon arrière-grand-mère Hébrard. Elle était coiffée du même bonnet de veuve que la femme de Frédéric Hébrard sur une photo qu'un Nadar d'Anduze avait prise de mon aïeule à la fin du siècle dernier. Pour accepter de venir d'Anduze où elle habitait depuis toujours, jusqu'à Valleraugue, cinquante-neuf kilomètres, la tante Clémence hésita pendant des années. Quand elle eut enfin cédé à sa nièce, elle avait passé les nonante.

Elle était toute petite, merveilleusement ridée, doucement velue sur les joues, portait le même deuil éternel que ses nièces, ne parlait que très rarement, et uniquement en patois.

Heureuse du voyage accompli, fière de son audace aventureuse, je pense que la tante Clémence força un peu sur la soupe de châtaignes blanchettes, plat national assez lourd à digérer dont raffolent les purs Cévenols. Après le déjeuner elle sembla s'endormir, mais si profondément que sa nièce la vit morte. Que fit la tante Marguerite ? Elle alla quérir un médecin ? Nullement. Elle courut chercher un pasteur qui était en vacances chez sa fille, au premier étage de notre maison.

J'ai peur de rhabiller le passé en disant que le pasteur entra chez nous en robe noire, rabat blanc, une Bible à la main, pourtant c'est ainsi que le voit ma mémoire, et son entrée fut si saisissante que la tante Clémence se réveilla comme Lazare quand Jésus le lui demanda.

J'avais la bouche ouverte de stupeur, j'étais muette, et je restais aussi immobile que la tante Clémence pendant son absence de vie. Je faisais l'inventaire de l'événement et je n'en revenais pas !

Un : la tante Marguerite, qui avait perdu la foi, était allée chercher le pasteur. Premier miracle !

Deux : la tante Clémence venait, sous mes yeux, de revenir de l'empire des morts. Deuxième miracle !

Trois : c'était moi que le pasteur regardait, c'était à moi qu'il souriait, c'était à moi qu'il s'adressait en disant : « Nous avons eu une belle frayeur ! »

Puis il joignit les mains, ferma les yeux, et il y eut un grand silence. Les tantes avaient baissé la tête, on entendit l'horloge de parquet prendre sa respiration avant de sonner la demie. Le pasteur ouvrit les yeux...

– Seigneur, dit-il, Tu viens d'écarter l'aile de la mort de cette famille... (*L'aile de la mort* ! Que c'était beau !)... Répands Ta bénédiction sur ces générations de femmes qui, à travers les larmes et les deuils, ne se sont jamais détournées de Ta Face...

Il prit un temps, puis ajouta doucement :

– Et veille sur cette petite enfant qui, à l'aurore de la vie, commence à marcher vers Toi.

Il dit encore d'autres choses, mais je ne m'en souviens pas. J'étais trop émue. J'aurais voulu que Mémé soit là, et Papa, et Maman, et mon divin Pépé ! La seule chose dont je me souvienne encore, c'est qu'il termina en disant que c'était au nom du Père, et du Fils, et du Saint-Esprit, et puis, quand il s'en alla, on était très gaies, très légères. Guéries.

Après on a très bien goûté, et la tante Clémence n'a pas été malade.

☆

C'est la fin du mois d'août, je prends le train avec Mémé sans bien comprendre que je quitte Nîmes, la Fontaine et la Tour Magne, pour aller vivre avec mes parents.

Mémé était triste, mais elle ne voulait pas le montrer, alors elle me gronda depuis la verrière de Nîmes jusqu'à la verrière de la gare de Lyon à Paris. Sans doute pour que j'aie moins de chagrin au moment de la quitter ? Et je n'eus pas de chagrin parce que Maman était extrêmement jolie, qu'elle sentait bon, et qu'elle avait les lèvres et les ongles rouge vif.

Et puis elle chantait ! *L'Ange bleu.* Ce n'était pas un cantique comme ceux de Mémé, mais une chanson en allemand qui disait *Ichebinefonkopsoufous.* Et aussi : « Oui, c'est moi qui lave les verre-zé-lés plats. On m'appelle une Marie Couche-toi-là ! » J'avais demandé à la cuisine ce que c'était qu'une Marie Couche-toi-là, et l'énorme Anna m'avait dit que c'était une femme qui allait avec les hommes, que c'était très mal. Pourtant Papa avait l'air content quand Maman chantait ça, et ses amis s'asseyaient tous par terre pour l'entendre, et après ils applaudissaient. Et, même, un monsieur plus âgé lui avait baisé la main en disant : « Bravo ! » Elle chantait si bien que j'avais cru que Maman était chanteuse, mais non. Elle était devenue *archivaste paléogriffe* pour obéir à la volonté de son père, mon divin Pépé. Et chaque fois qu'ils disaient *archivaste paléogriffe*, ils riaient tous en disant : « Sacré Fargue ! »

Je venais d'entrer dans un univers codé où j'évoluais sans savoir qui était qui, et qui faisait quoi. Ça ne me gênait pas. Les années trente venaient rejoindre la Bible. *Les Mille et Une Nuits* et l'Olympe raconté aux enfants. Les femmes des années trente étaient splendides, et les hommes avaient du génie, en tout cas ceux qui venaient à la maison.

J'aimais le moment où Maman conduisait une dame dans ma chambre pour m'embrasser avant d'éteindre la lumière. Les dames s'appelaient Zelda, Natacha, Wanda, Liouba... Je fermais les yeux et, la fois suivante, j'étais capable de les reconnaître à leur parfum. Je ne m'endormais plus dans ma *flassadeto*, entre les pattes du Seigneur, mais dans des effluves d'*Heure bleue*, d'*Arpège* et de *Vol de nuit*.

Étais-je en train d'oublier le Dieu de nos pères dans le tourbillon de la foire aux vanités ?

Ma vie avait tellement changé en si peu de temps ! À cause du chat – qui était une chatte – et avec qui on s'était aimées tout de suite, à cause de mon entrée au lycée Henri-IV, dans la plus petite classe où je n'étais pas mécontente d'être la seule fille, à cause de mes débuts chez une dame russe, ancienne ballerine, qui, avec une longue baguette, m'apprenait le cuisant B.A. BA de la danse classique... Mais, le chat, c'était la Montagne sainte ! Mais Henri IV avait été protestant avant d'être roi de France ! Quant à la danse, je crois bien que c'est en posant ma petite main sur la barre et en rêvant de m'élancer un jour vers le « milieu », que je compris le sens de la prière.

Un jeudi, madame Cantinelli vint me chercher pour m'emmener goûter chez une petite fille.

– Tu ne vois que des garçons, m'avait dit Maman, c'est bien que tu te fasses enfin une amie !

Madame Cantinelli était la femme d'un monsieur très important qui travaillait à la Chambre des députés. Je ne le vis jamais, sans doute parce qu'il ne devait pas quitter la Chambre où dormaient les députés... Maman, elle, chaque jour allait au Louvre où se trouvaient tous les chefs-d'œuvre. Normal, elle était si belle !

– Tu vas être très gentille, me dit madame Cantinelli dans le taxi qui nous emmenait vers ma future amie, parce que la petite Madeleine a perdu sa Maman, et c'est très triste.

Je me sentis mal à l'aise. Un peu comme si la petite Madeleine avait perdu sa maman à cause de moi. La pauvre ! Je n'osais pas demander à madame Cantinelli si je devais lui en parler ou faire semblant de ne rien savoir. Je me promis d'être adorable avec l'orpheline, de l'embrasser, de jouer à ce qu'elle voudrait, d'être d'accord sur tout avec elle, de céder à tous ses caprices si elle en avait... mais quand je la vis, je compris qu'avec un visage comme le sien, on ne pouvait avoir que des qualités.

– Cher petit ange, dit madame Cantinelli en se penchant vers elle, je t'amène Riquette Chamson, je pense que vous allez devenir de grandes amies.

– Oui, madame, dit l'ange avec un battement des cils qu'elle avait fort longs.

Madame Cantinelli s'en alla en nous confiant à une personne respectable qui lui dit de ne pas s'inquiéter : Madeleine était si sage !

– Je sais, soupira madame Cantinelli, un ange... ! Et elle promit de venir me chercher à la fin de l'après-midi.

La porte se referma, la personne respectable s'en fut retrouver sa cuisine, et je suivis Madeleine dans sa chambre.

– Où sont tes médailles ? me demanda-t-elle à peine étions-nous entrées.

– Je n'y ai pas droit, expliquai-je en devenant rouge vif.

– Tu as été vilaine ?

– Non..., murmurai-je.

– Alors ?

Le ton de l'ange avait changé.

– Je suis protestante, avouai-je.

– Protestante !

Elle avait d'abord eu un mouvement de recul, maintenant elle me regardait avec curiosité, comme si je n'étais pas tout à fait de la même espèce qu'elle.

– Protestante ! répéta-t-elle. Est-ce que madame Cantinelli le sait ?

Je haussai les épaules, décontenancée.

– Ma Maman a dû lui dire...

– Ta Maman aussi est protestante ?

– Oui... euh... non ! Enfin, plutôt libre-penseur... mais aussi protestante.

Le silence s'abattit sur la chambre de Madeleine, son lit voiletté de plumetis céleste, ses poupées, son nounours, sa dînette rose. Puis elle me dit.

– Ma mère est morte, elle, mais je prie Dieu pour son salut. Sais-tu prier en protestant ?

– Pas bien...

– Je vais prier un moment, nous goûterons après, dit-elle en s'agenouillant sur le velours ponceau d'un prie-dieu.

Elle se tourna vers moi et m'expliqua :

– Je prie très souvent la Sainte Vierge, c'est elle ma maman, maintenant, dit-elle en me désignant une statuette que je n'avais pas remarquée.

L'occasion tant cherchée se présentait enfin ! J'allais pouvoir siffler : je verrais bien si la Sainte Vierge pleurait ! Pas de danger que Madeleine s'en aperçoive, elle s'était *abîmée en prière* (j'avais lu cette expression sous une gravure édifiante tombée entre mes mains, dans le grenier de la tante Marguerite).

Je regardai la Sainte Vierge et elle me plut. Avec son enfant dans les bras, c'était bien la plus joyeuse petite Maman qu'on puisse imaginer.

Madeleine psalmodiait des mots indiscernables au milieu desquels surnageait « le fruit de vos entrailles ». Je me lançai...

– Tu as entendu ? me demanda Madeleine en se retournant brusquement. On dirait une souris !

Je fis signe que je n'avais rien entendu. Sous mon air innocent, j'étais furieuse de ne pas m'être exercée davantage.

L'orante joignit de nouveau les mains. Cette fois j'entendais les paroles de sa prière. Il était question de l'heure de notre mort... Je fis une nouvelle tentative moins timide... La Sainte Vierge était toujours aussi joyeuse, son sourire me sembla même s'être accentué. Non seulement elle ne pleurait pas, mais je me demandais si elle ne se moquait pas de moi... Je sifflai encore plus fort.

– C'est toi ! dit Madeleine avec sévérité.

Comme j'essayais de me défendre, elle ajouta :

– Je t'ai vue !

Puis elle haussa les épaules, prit un chapelet à grains de nacre que je trouvai fort beau, le porta à ses lèvres, échangea un sourire avec la Sainte Vierge, et laissa tomber ma condamnation :

– Tu siffles mal !

☆

Il m'avait fallu très peu de temps pour comprendre que la sévérité de Mémé n'était rien à côté de la sévérité de Maman. Si on était sage avec Mémé, ça risquait de faire plaisir à Dieu et de déboucher sur des effets secondaires agréables. Avec Maman il fallait être sage pour faire plaisir à Maman, point final.

La France, la Patrie, la République, l'Honneur, le Travail, le Mérite, le Devoir, le Respect des Autres, sans oublier l'Orthographe, tout le monde m'avait suivie de Nîmes à Paris, mais en arrivant chez mes parents les divinités tutélaires étaient devenues laïques, donc encore plus exigeantes ! La récompense était dans l'accomplissement même de l'acte, pas dans l'espoir d'un bon point. Bref, je respirais un protestantisme tellement pur que, parfois, j'en suffoquais.

Heureusement j'avais la danse et la chatte pour reprendre mon souffle et retomber sur mes pattes. En ronronnant avec Minette, en faisant mes pliés devant le miroir du cours, je devinais une présence formidable et invisible qui attendait patiemment son heure pour se démasquer. L'Éternel. Sans commencement ni fin. Je n'étais pas pressée, Lui non plus, nous avions le temps.

Pour le moment, jour après jour, je découvrais, l'une après l'autre, les clefs du code qui régissait l'univers de mes parents.

Cet univers était celui des Écrivains. Moi aussi bien sûr, plus tard, je serais écrivain, comme tout le monde, mais, avant, je serais danseuse. Je danse bien. Je me sens légère, légère, comme si j'allais m'envoler vers l'inaccessible.

Je crois que les Écrivains aimeront me voir danser... ils sont si contents quand Maman chante sa Marie Couche-toi-là !

Le vieux monsieur lui a même rebaisé la main. Monsieur Gide. Il est protestant lui aussi. Mais encore un autre genre de protestant que nous, si j'ai bien compris certaines allusions. D'ailleurs il paraît que je comprends vite. Léon-Paul Fargue n'a plus de secrets pour moi, *la roseur de la légion d'honnête* et la *crâneur de la comment savate* ont maintenant rejoint l'*archivaste paléogriffe*. Qu'est-ce qu'on rit avec les Écrivains !

Les Écrivains. Les Amis. L'Antifascisme et la Politique...

La Religion, il n'en est jamais question.

Pourtant il fallut bien en parler quand je m'installai à Versailles, chez le Roy, pour l'avènement du Front populaire !

C'était franchement énorme ! J'allais vivre chez ce Louis XIV qui avait lâché ses dragons sur mes pauvres grand-mères ! Le Louis XIV de la Révocation ! Papa venait d'être nommé conservateur adjoint du musée de Versailles, avec appartement de fonction à l'étage noble de l'aide sud des Ministres ! Entre deux manifestations à la Bastille, j'allais faire mon lit dans le bureau de Colbert !

Le monde va changer de base,
Nous ne sommes rien, soyons tout !

Louis

Souvent je revis cette arrivée à la nuit close, marchant à la suite des autres, mon bagage à la main, à travers les allées du parc, avançant dans l'obscurité les yeux fixés sur le gigantesque navire immobile qu'était le collège tous ses hublots allumés, amarré dans la nuit belge, et sur lequel j'allais embarquer, mousse microscopique, pour un voyage de huit années.

La houle qui me soulève en évoquant cette marche longue et confiante vers les lumières demeure si forte, à travers les années, que je crois chaque fois pouvoir reprendre toute ma vie au même endroit.

En quelques heures, tout ce qui avait été mon univers se trouvait balayé. Table rase absolue sur mon entourage, ma chambre, ma maison, mon pays. Il ne restait rien de ce que j'avais connu et aimé. C'était moi tout seul qui avançais au milieu de mille pensionnaires, responsable, affamé de curiosité pour une vie nouvelle dont j'ignorais tout, fasciné par la démesure de ces bâtiments qui allaient être le cadre de mon existence. J'avançais, j'avançais, dans la nuit d'octobre qui gardait encore la dernière lueur du dernier jour de mon ancienne vie.

Enfin j'atteignis au collège, fus dirigé vers une classe. Je trouvai mon nom sur la porte, puis ma place, puis mes voisins, puis mes maîtres. Et dès qu'on fut rassemblés, nous fûmes jetés en prière. L'angélus du soir, suivi des litanies de la Sainte Vierge que les anciens de huitième connaissaient déjà et dont j'ignorais tout. *Vierge fidèle... Miroir de Justice... Trône de la Sagesse...* priez pour nous, priez pour nous, priez pour nous... *Cause de notre joie... Vase rempli des dons du Saint-Esprit... Rose mystique... Tour de David... Tour d'ivoire... Maison d'or... Arche d'alliance... Porte du Ciel... Étoile du matin...*

Oui. J'embarquais pour une planète nouvelle.

L'épreuve du dortoir n'exista pas. Nous étions une centaine de pensionnaires à nous dévêtir dans la lumière étroite des veilleuses, tandis que le Frère récitait à haute voix une dizaine de chapelet à l'issue de laquelle nous devions tous être couchés et rester silencieux jusqu'au matin.

Était-ce possible de me retrouver si vite dans d'autres draps ?

On fut réveillés par un battement de mains.

Le lavabo occupait toute la longueur du dortoir. On y accédait des deux côtés. On posait nos boîtes de toilette qui sentaient le dentifrice, face à face, sur le réservoir d'eau. On se lavait, se peignait, se lustrait, et, vite, à la chapelle pour la messe.

La chapelle était immense. Très haute, très longue, toute blanche. Notre classe occupait un transept.

Derrière nous, un drapeau français et, sur la plaque de marbre, la liste infinie des Frères morts pour la France. La patrie qui les avait chassés les avait rappelés pour la boucherie. Les survivants étaient nos maîtres. Certains portaient un très discret ruban sur leur soutane.

À gauche une châsse d'albâtre aux rideaux tirés derrière lesquels reposait, en cire, un jeune martyr. Un liseré rouge lui courait autour de la gorge. Était-ce une réplique de saint Tarcisius ? Y avait-il en lui quelque relique ? Je l'ignore.

Petit déjeuner. Récréation. C'est à cette heure qu'on ouvrait le placard aux sirops, dans la petite infirmerie, pour les enrhumés et les bronchiteux. Un Frère, très vieux, canalisait les élèves ; le Frère André avait été brancardier en 70. Il était né sous Louis-Philippe. Je regardais ce morceau d'histoire de France, vieil éléphant hors d'âge, quasi muet, qui distribuait aussi des images d'Épinal aux petits qui venaient se faire couper les cheveux.

Retour en classe. Prière. À la demie, un élève désigné interrompait le professeur et disait : « Souvenons-nous que nous sommes en la sainte présence de Dieu. » Il fallait répondre : « Et adorons-le ! » Quelques secondes de recueillement, et le cours reprenait.

Après la récréation, autre cours. Prière. Et, à la fin, l'Angélus de midi. Puis le réfectoire. Le chef de division disait les grâces. Puis, à tour de rôle, nous allions lire, dix à douze minutes, la vie d'un saint. Puis le chef de division disait : « *Benedicamus Domino* » ; nous répondions : « *Deo Gratias* », et l'explosion des conversations emplissait le réfectoire.

L'après-midi ressemblait à la matinée. Le repas du soir à celui de midi. On lisait un livre de détente ; j'ai entendu *Pinocchio, Percy Wynn, Rouget le braconnier, Patira* avec Trécor le Borgne et Cadoc l'Encorné, *Les Trésors de l'Abbaye, Jean Canada*, etc. Puis on montait au dortoir; examen de conscience au pied du lit; acte de contrition; dizaine de chapelet.

Voilà une journée de passée.

En vingt-quatre heures, le déluge religieux avait submergé tout le paysage, et s'étendait à perte de vue. Bien sûr ce n'était pas le seul élément de mes journées. La classe, les récréations, avaient toute leur place, mais c'était l'élément nouveau. Jusqu'alors la vie religieuse n'avait été qu'une fonction parallèle de ma vie, elle en devenait l'élément principal et permanent.

Le projet chrétien proposé était parfaitement cohérent : faire son salut. C'est-à-dire échapper à l'Enfer menaçant, et parvenir à la béatitude éternelle, très incertaine. Notre vie n'était qu'un passage, qu'une épreuve. « Une vallée de larmes », pour reprendre l'expression du cantique. Tout n'était, ici-bas, que poussière et dérision, les triomphes : de la cendre, et les honneurs : des hochets. Cette vue des choses ne m'était pas imposée, elle me convenait parfaitement. Mon tempérament, mon expérience m'y portaient, et j'en éprouvais une sombre jouissance. Intimement convaincu du néant des choses, je décidai d'en donner une illustration publique.

Une fois par trimestre, devant tout le collège réuni, il y avait la remise solennelle des billets d'honneur.

Le premier de la classe s'avançait seul sur l'estrade. Le billet, d'une couleur qui le distinguait des suivants – blanche en l'occurrence –, et d'une dimension supérieure, lui était remis par le Frère directeur, un géant approchant les deux mètres, qui le félicitait.

Mon professeur avait rempli le billet et composé mon nom en lettres gothiques noires dont il avait accentué le relief par un léger liseré rouge. Une merveille ! Le directeur me le remit. Je le remerciai et, fort de l'enseignement reçu, je le froissai ostensiblement et le glissai dans la poche de mon uniforme.

Je ne dis pas que mon geste méritait une ovation (que j'aurais fort bien acceptée), mais ma surprise fut grande d'être accueilli au bas des marches par de véhéments reproches, suivis d'une punition salée.

Quoi ?... N'étais-je pas dans la droite ligne ? N'avais-je pas confessé publiquement à quel point je tenais pour insignifiants les honneurs terrestres ?

On me demanda les raisons de mon attitude.

J'avais neuf ans et demi et déjà trop de fierté pour chercher à me justifier. S'ils n'avaient pas compris mon geste, c'était leur affaire. Pas la mienne !

Ma confiance dans les grandes personnes avait été sérieusement entamée par la volte-face entre la pension-sanction et la pension-promotion. Après ce nouvel incident je commençais à comprendre qu'il fallait en prendre et en laisser dans ce qu'elles disaient, que les contradictions dans leur conduite ne les dérangeaient nullement et que, lorsqu'elles sentaient (car je ne disais rien) que l'inconstance de leur comportement ne m'échappait pas, elles disaient – toutes – que c'était pour mon bien.

J'en conclus – chose surprenante à mes propres yeux – qu'elles étaient fragiles, qu'il convenait de les ménager, qu'il y avait en moi une telle force que, si je leur disais ce que m'inspirait leur conduite, elles seraient pulvérisées, réduites aux larmes, presque incapables de continuer à vivre après mon passage. Donc, inutile de débattre : elles avaient raison, elles étaient l'autorité, et je ne le contestais pas. Pas d'argumentation dans les conflits, ni de paroles de soumission, mais force silence dont je m'aperçus par la suite qu'il les déstabilisait.

Autant discuter sur des idées contradictoires, échanger des points de vue, apprécier les réfutations était un bonheur et un besoin pour moi, autant les risques de conflits personnels étaient vite désamorcés. Combien de fois ai-je dédaigné de répondre à des accusations portées contre moi, préférant me laisser punir (qu'est-ce qu'une punition !) que de convaincre de mon innocence.

Et j'ai conservé pour une bonne part ce fâcheux trait de mon caractère.

De même, ceux qui usaient de cruauté à mon égard me causaient beaucoup moins de peine qu'ils ne l'imaginaient. Il m'arrivait même de feindre l'affliction pour qu'ils ne soient pas trop déçus de leur méchanceté. Cet ajustement qui peut paraître compliqué était pour moi très simple, évident, spontané : je devais toujours songer à survivre.

Étonnez-vous, après cela, qu'on m'ait trouvé mauvais esprit. Au cœur du troupeau, donnant toutes les apparences du consentement, j'ai sans cesse vécu en marge, marchant à mon pas, sans provocation, et seul dans ma tête.

Étonnez-vous après cela que certains aient eu envie de me massacrer.

À l'inverse, d'autres (plus rares) sentaient immédiatement que, derrière tout cela, il y avait un appétit immodéré de tendresse.

En soulignant comme je le fais l'importance du fait religieux, on pourrait en conclure que la vie qu'on menait au collège sentait le renfermé. Bien au contraire ! L'entretien physique était une préoccupation constante de nos éducateurs.

Dès 1911, une piscine en plein air avait été créée, ainsi qu'un immense gymnase pourvu de tous les agrès imaginables. On disposait d'un skating, d'un parcours cycliste à l'intérieur du parc, de nombreux terrains de football et de courts de tennis pour les plus grands. Et si on nous enseignait le grec et le latin nous avions parallèlement nos ateliers où nous apprenions à travailler le fer ou le bois. À l'heure où j'écris ces lignes, j'ai sous les yeux une boîte à couture, avec plateau mobile, que j'avais faite pour ma mère et dont je n'arrive toujours pas à croire que j'en suis l'artisan.

Les classes supérieures avaient à leur disposition des laboratoires de chimie et la vaste bibliothèque où siégeait une Académie de vingt membres dont j'espérais, l'heure venue, faire partie.

Bref, tout était conçu en vue du développement physique et mental des élèves.

Si j'apporte toutes ces précisions c'est que, même dans les milieux chrétiens, les Frères étaient parfois évoqués avec condescendance. On les appelait « Frères Ignorantins », et ils étaient réputés pour dispenser un enseignement de second ordre. La vraie raison de ce malentendu venait, en grande partie, de ce qu'ils n'étaient pas prêtres. Ce que, personnellement, j'ai vite considéré comme un avantage pour les élèves. Avoir un professeur qui, en plus, vous confesse, non ! Pouvoir garder vis-à-vis du maître une part secrète m'apparut de plus en plus comme une chose hautement souhaitable.

Trois confesseurs nous étaient proposés : les deux aumôniers et un moine des environs.

Je choisis l'abbé Vandermeersch parce qu'il portait le nom d'un romancier en faveur dans les milieux catholiques. Il fut mon confesseur jusqu'à la guerre. De quoi que je m'accusasse, la pénitence n'a jamais varié : un *Notre Père* et trois *Je vous salue Marie*. Sa recommandation fut toujours la même : faire des efforts pour ne plus retomber dans les mêmes fautes. Tout en me disant cela, il ouvrait sa tabatière et se fourrait des pincées de tabac dans les narines, j'en bafouillais mon acte de contrition, partagé entre la stupeur et le dégoût... Je n'avais jamais entendu parler de cette pratique. Et, tandis que je me relevais, il balayait du revers de la main les brins de tabac tombés sur sa soutane.

Un jour, en classe, je me retournai brusquement vers la porte d'entrée qui était derrière moi, absolument comme si j'avais entendu un appel. Et ce que je vis me laissa blanc de stupeur : la tête de ma grand-mère coiffée de son chapeau apparaissait au-dessus des vitres dépolies. Je crus avoir rêvé. Elle ne pouvait pas être là.

Je revins à la leçon, le cœur bousculé d'émotion. Quelques instants plus tard, le chef de division poussait la porte de la classe et m'appelait.

Dans son bureau, je trouvai ma grand-mère, en effet, et ma petite sœur. Elle était entrée par une porte du parc, sinon interdite du moins confidentielle, et, à travers les allées, elle avait gagné les bâtiments. Le premier couloir qu'elle avait emprunté était celui de ma classe, et le premier coup d'œil fut le bon. Avec elle il ne fallait s'étonner de rien. Mais que faisait-elle là ? Eh bien, c'était les élections, en

France, et l'effervescence était telle, les probabilités en faveur du Front populaire si fortes, que la famille, craignant les émeutes, lui avait fait franchir la frontière avec la petite sœur pour les mettre à l'abri.

Au même moment, une petite fille à qui j'étais destiné défilait le poing tendu sur les épaules de son papa, en chantant *l'Internationale*. Comment aurions-nous pu traverser la vie sans écrire de feuilletons ?

L'année suivante fut celle de ma communion solennelle.

Une retraite nous y préparait. Le Père qui en était chargé nous dit qu'il s'appelait Masquelier, mais qu'il ne fallait pas croire pour autant qu'il avait un masque lié sur le visage. J'aurais dû me méfier. Le souvenir que je garde de ces trois jours c'est la terreur dont ce brave homme cherchait à nous remplir.

Il nous distribua des petits, tout petits fascicules qui rapportaient une collection de catastrophes épouvantables survenues à des petits communiants qui s'était présentés à la Sainte Table en condition imparfaite. On pouvait lire : *Dans la commune de X., département de Y.Z., le jeune A. B., s'étant présenté en état de péché mortel, fut foudroyé au moment où on lui remettait l'hostie. Dans le village de C., département de D., le jeune E. F., succombant à la gourmandise, mangea une part de gâteau avant de communier. En s'approchant du chœur, il fut pris de convulsions qui le terrassèrent. Il resta plus d'un mois entre la vie et la mort.* Ces réjouissantes anecdotes couvraient les quelques feuillets que nous avait remis le Père Masquelier.

La préparation comportait une partie que je qualifierai de spirituelle, avec quelques exercices de mortification : à genoux sur le gravier de la cour d'honneur, les bras en croix, chacun pour soi récitant son chapelet.

Une autre partie consistait dans la répétition des évolutions que nous aurions à faire pour parvenir à tour de rôle à la Sainte Table, ensuite nous faire confirmer, dans la foulée, par monseigneur l'Évêque de Tournai qui nous soufflèterait en symbole des outrages que nous étions prêts à subir pour notre foi.

Il y avait parmi nous un nommé Cambier, élève d'une autre classe, qui faisait le pitre d'une façon très personnelle : il se donnait un air benêt et lourd (que son physique un peu empâté servait à merveille), jamais la moindre lueur dans son œil, il pouvait soutenir une expression abrutie le temps nécessaire pour vous convaincre qu'il était profondément demeuré. Bref, il était très fin. Je le voyais plongé dans la lecture du petit fascicule qu'il tenait à l'envers ; il trouvait des postures de mortification qui nous faisaient pouffer, lui restant imperturbable, les yeux au ciel. Si on disait : « Asseyez-vous », il se mettait à genoux, « Agenouillez-vous », il se redressait, « Sortez à droite », il partait à gauche, etc.

J'étais quand même un peu inquiet pour lui après tout ce qu'on nous avait donné à lire, aussi, le lendemain, dans la prière de consécration que j'avais été chargé de lire au nom de tout le groupe des communiants, m'adressant à la Sainte Vierge, j'ajoutai une supplique particulière pour détourner de Cambier la colère divine. Je fus pleinement exaucé : il ne lui arriva rien de fâcheux, ni convulsions, ni foudroiement, si ce n'est qu'en avançant vers l'évêque il trébucha sur une marche de l'autel, et s'effondra dans le giron de Monseigneur.

Si j'avais été choisi pour lire la consécration solennelle à Notre Dame, ce n'était pas l'effet du hasard. Je ne me doutais pas que ma première lecture publique de la Vie des Saints au réfectoire devait avoir un retentissement considérable sur toute mon existence. On trouva à ma voix et à ma diction des vertus que je ne me connaissais pas. Et, quelques semaines plus tard, on me convoqua pour jouer un rôle dans une pièce qui entrait en répétition.

Ce sont donc les Frères qui me firent monter sur scène, eux qui me tendirent le philtre dont je ne devais jamais guérir, et qui donnèrent une tournure irréversible à ma destinée professionnelle.

Ma madeleine de Proust, c'est l'odeur voluptueuse des premiers fonds de teint utilisés, ces bâtons aux couleurs chaudes qui faisaient de nous des créatures nouvelles. Et quel éblouissement me saisit lorsqu'on versa sur mes cheveux une poudre d'argent ! Oh, pas à ma première apparition ! Car, avant d'être maharajah, une photo me représente la tête couverte d'une casquette écossaise assortie au long manteau dont on m'avait revêtu. J'étais Lord Episcott, j'avais onze ans et quatre enfants !... Mais, toujours en quête de vies parallèles, je venais de découvrir une brèche dans l'univers quotidien ; je m'y engouffrai et découvris, enivré, un espace sans limites.

Cette exaltation fut portée à son apogée quelques mois plus tard, lorsque je vis, dans notre salle de cinéma, *Monsieur Smith au Sénat*. Cette fois tout était dit : je serais acteur, je vivrais les péripéties du héros ; je dirais les phrases qu'il disait ; je défendrais les gens qu'il défendait, jusqu'au sacrifice de ma vie, s'il le fallait. J'incarnerais le personnage dont rêvait ma marraine : Chrétien, Chevalier, et Gentleman.

De ces transports qui illuminaient chaque instant de ma vie, naquit la nécessité d'inventer des situations qui permettraient l'éclosion des sentiments que j'avais besoin d'éprouver et d'exprimer. Dès lors, chaque soir, au dortoir, la tête sous les draps, il y eut séance de cinéma. J'y avais comme partenaire une jeune fille aussi épatante que celle qui avait résolu de soutenir monsieur Smith, mais je nous situais plutôt – c'était bien normal – au début de l'ère chrétienne. Nous étions dans les prisons romaines, sous les gradins du cirque, destinés aux bêtes féroces que nous voyions déambuler de l'autre côté de la herse qui nous séparait de l'arène. Chaque soir le feuilleton s'enrichissait d'épisodes à la fois identiques et nouveaux. Face aux tourments qui nous attendaient, nous formions un couple indissoluble. Elle était belle, solide, vaillante. Inutile de dire que la féerie sexuelle nous était inconnue. Le mot amour n'existait pas entre nous, les sentiments qui nous unissaient n'avaient pas de nom. Nous nous tenions la main pour toujours et c'était suffisant.

Les imaginations nocturnes finirent par déborder sur la journée et, bientôt, il fallut écrire. Ainsi commença la dérive – qui ne fit que s'accentuer au cours des années suivantes. Je pris l'habitude de mener une double vie : assurant ce que je devais à l'étude, aux réalités du collège, figurant en bonne place parmi mes camarades, en même temps que je portais en moi toute une création de romans, de contes, de poèmes, qui trouva son épanouissement quand j'entrepris, contaminé par *Le Sceptre d'Ottokar*, d'inventer un pays.

J'écrivis l'histoire de la Sopoldavie, des origines à nos jours – les derniers jours de paix. Je rédigeai des biographies de rois, de saints, de savants, de soldats.

Je composai des dépliants touristiques : « Visitez la Sopoldavie. » Mon bonheur était d'enrichir mes archives. Je me procurais des parchemins, y transcrivais des chartes, des traités en vieux sopoldave ; j'en brûlais les bords au bouchon; j'emprisonnais les rubans qui en émergeaient sous des cachets de cire. J'amassais ces liasses, ces documents, ô combien précieux !, dans une grande valise.

La valise fut perdue et mes trésors s'envolèrent au grand vent de l'Exode.

☆

Je vivais dans la religion comme un minuscule oiseau au cœur d'un arbre gigantesque, voletant de branche en branche, dans un univers de verdure sans commencement ni fin. Toujours attentif à sortir le meilleur de moi. M'appliquant à entretenir, développer, ce que le Monde hait le plus : les bons sentiments.

De mes trois francs hebdomadaires, j'en donnais deux à la collecte pour les pauvres (qu'on ne voyait jamais, mais qui existaient bien), et avec les économies du dernier franc, je m'abonnai au *Pèlerin* et à *L'Écho de Bethléem.*

On proposait à notre édification de jeunes contemporains aux vertus remarquables, ayant déjà gagné le paradis. Je pense au petit Guy de Fontgalland, dont je me demande parfois s'il est toujours en bonne place dans la phalange de ceux dont l'Église favorisait alors la promotion. On en poussait certains à Rome vers la sanctification ; quand j'entrai au collège, les Frères venaient de connaître un grand bonheur : le Vénérable Frère Salomon était devenu le Bienheureux Salomon. Car il y avait des grades.

Vénérable, Bienheureux, Saint. Lui aussi qu'est-il devenu ? Il avait été massacré en 92 sur les marches des Carmes par les assassins de Septembre. C'était l'avenir des chrétiens. La plupart des saints de l'Église primitive avaient payé de leur vie l'adhésion à la foi nouvelle. Et tout au long des âges les martyrs pour la foi avaient été nombreux. Certains de nos professeurs – ceux qui n'avaient pas été pendus ou traités à la mitrailleuse – nous faisaient des récits de ce qu'ils avaient subi au Mexique ou à Cuba, pays d'ailleurs très catholiques. Il était inéluctable, étant chrétiens, qu'un jour ou l'autre nous ayions à souffrir de notre engagement.

Nous y étions préparés. Il ne fallait pas redouter ce périlleux honneur. Les massacres commençaient en Espagne ; certains Frères se réfugièrent au pensionnat, ce qui n'empêche que j'en vis deux se prendre au rabat, l'un basque, l'autre catalan. À la même époque les Frères préparaient une grande exposition sur le rayonnement de l'Institut à travers le monde.

Il était piquant pour nous autres exilés d'apprendre que les gouvernements qui avaient chassé de France nos maîtres, leurs tricornes et leurs quatre bras, les mêmes, dis-je, leur versaient des subventions pour les collèges de Damas, du Caire, d'Alexandrie, de Beyrouth, établissements qui défendaient et illustraient la présence française au Moyen-Orient. Les Frères n'éprouvaient nulle amertume de ce traitement. Ils étaient plutôt fiers d'avoir réalisé de si belles choses. Pour eux tout le mérite en revenait à saint Joseph, patron de l'Institut.

Durant toutes les années que je passai en leur compagnie, chaque jour nous eûmes sous les yeux l'exemple du désintéressement, du dévouement et de l'abnégation. Et, comme dans la société, les plus gentils d'entre eux étaient livrés à la malice des élèves. J'en ai vu, surtout les plus jeunes, en venir aux larmes devant la férocité innocente de certains camarades.

Esprit exubérant mais cœur simple, je m'en tenais, sur le plan religieux, au plus beau des préceptes : « Aimez-vous les uns les autres. » Cette parole magnifique trouvait un écho dans la vulnérabilité affective et les déchirements que je devais à ma situation familiale.

Le problème est, évidemment, d'aimer ceux qui nous font du mal, et particulièrement si ce sont des ennemis. On nous enseignait qu'il demeurait toujours quelque chose de positif dans l'âme la plus noire. Point de vue que j'étais spontanément porté à partager. Mais lorsqu'on nous demanda d'illustrer cette proposition, le personnage que je choisis suscita les plus vives inquiétudes chez mes maîtres. Quelques élèves choisirent le Père de Foucauld dont on ne nous cachait pas qu'il avait été un sacripant avant sa conversion. Moi, je pris mon exemple dans l'actualité.

Il s'agissait d'un assassin fort à la mode dans ces années-là. Il s'appelait Weidman. Il fut le dernier condamné à subir son châtiment sur la voie publique, c'est-à-dire sur un trottoir de Versailles, au petit matin. On vit des noceurs venir de Paris en smoking et robe du soir, pour assister à l'exécution. On trempa des mouchoirs dans son sang. Ce fut un petit raout particulièrement répugnant. Désormais on décolla derrière les murs de la prison.

Ce qui m'avait frappé, c'est la vigueur avec laquelle il avait défendu ses coïnculpés qu'on accusait de complicité. Il prit toutes les charges sur lui, leur épargnant le châtiment suprême. On fut surpris – et inquiet – que je prisse un exemple si bas. Je pensais déjà, et j'ai toujours pensé, que si la religion chrétienne était ouverte à tous les hommes, plus que tous autres les pécheurs, les assassins, les prostituées (je ne savais pas ce que c'était), y avaient leur place. Et quand je disais que, malgré tout, ils iraient peut-être au paradis, mes maîtres se posaient des questions sur cet élève de quatrième...

Je ne faisais que mettre en pratique l'enseignement reçu. C'était le malentendu du billet d'honneur qui renaissait.

☆

Autant les chers Frères m'ont donné l'exemple de vertus humaines portées chez certains d'entre eux à un point d'accomplissement exceptionnel, autant les rares réserves que je pouvais faire concernaient certains aspects de la vie religieuse.

Je ne comprenais pas bien la fonction des scapulaires. Il s'agissait d'un morceau d'étoffe attaché à un ruban que nous portions autour du cou (ruban remplacé un peu plus tard par chaîne et médaille, ce que je supportais mieux). Il nous était dit que si nous portions le scapulaire au moment du trépas, nous allions tout droit au paradis ou, en tout cas, nous échappions à l'enfer. Ceci dépouillait de toute valeur nos actes et nos œuvres ; c'était eux et notre foi qui devaient décider de la destination finale, et non pas des amulettes que nous trouvions risibles chez les Africains. D'ailleurs, passées les petites classes, il me semble que le scapulaire disparut de lui-même.

Je comprends fort bien que l'on soit attaché à des médailles, à la croix, aux symboles visibles, que l'on ait recours à eux dans les épreuves, qu'ils servent à nous remettre en mémoire les personnes lointaines ou disparues. Mais de là à leur attribuer un pouvoir aussi absolu sur notre destination éternelle ! Ceci me troublait beaucoup.

Les réponses que j'obtenais de mes maîtres au sujet des indulgences me laissaient également insatisfait. Je lisais sur mon missel que si nous regardions les Saintes Espèces au moment de la consécration, nous avions une indulgence de 7 ans 7 quarantaines. Et si nous le faisions chaque jour, et que nous communions, nous obtenions une indulgence plénière.

À quoi correspondaient ces 7 ans 7 quarantaines ? Il semblait s'agir d'une remise sur les peines que méritaient nos fautes. Mais quel était le tarif de nos fautes ? Autant la communion des saints me paraissait une chose belle, évidente et réconfortante, autant la comptabilité qu'impliquaient ces indulgences me troublait.

Dans mon missel de communiant reposaient quelques images pieuses. Souvenirs de communion, de prise d'habit, d'ordination, images de défunts. L'image consacrée au C.F. Mutien-Marie me laisse rêveur. Sous son effigie en habit de l'ordre, on peut voir une minuscule pièce de bois maintenue par un papier collant transparent ; on peut lire : *parcelle du cercueil du Frère Mutien-Marie*. L'intention est tout à fait louable : on nous demande d'obtenir une grâce particulière par l'intercession de ce saint homme, et, si nous avons eu satisfaction, de le faire savoir à la communauté qui usera de ce témoignage pour faire avancer, à Rome, la cause du Frère Mutien-Marie vers la première étape de la sanctification. Très bien. Mais pourquoi ce morceau de cercueil ?

J'avais également, dans le même style, une image

de sainte Thérèse de l'Enfant-Jésus à laquelle était cousu un morceau de son voile. Cela tournait dans ma tête au problème d'arithmétique : il a été distribué 100 000 images comportant chacune un morceau d'1/2 cm^2, quelle était la superficie du voile de la sainte ? Réponse : 50 m^2. Une belle pièce !

Chaque année un Frère qui n'appartenait pas au collège passait une heure dans nos classes dans le but de susciter des vocations pour l'Institut. On l'appelait Goebbels. Il n'y allait pas de main morte pour obtenir des adhésions : « Si vous restez dans le monde vous aurez autant de chances d'échapper à l'enfer que de réussir la traversée de l'Atlantique à la nage. Si vous vous faites prêtre, c'est comme si l'on vous donnait une barque et des rames. Mais si vous vous faites Frère des écoles chrétiennes (et, là, la voix s'enflait), c'est comme si vous arriviez au paradis sur notre beau *Normandie* ! »

Il y eut parmi mes condisciples quelques vocations religieuses, mais aucun, à ma connaissance, ne choisit de se faire Frère. Et c'est bien dommage.

J'ai presque honte de rapporter ces anecdotes qui font sourire, mais elles font partie de mon expérience, et furent, à l'époque, des sujets de réflexion.

Fin mai 1939, on célébra à Froyennes le centenaire de la fondation du collège né sur les hauteurs de Passy, derrière la maison de Balzac. Des fêtes grandioses marquèrent l'événement, mais ce fut le chant du cygne de Froyennes. Déjà grondaient les premiers roulements du cataclysme. Quelques semaines plus tard c'était la guerre.

Les malheurs de la Patrie rapprochèrent ses enfants. Le gouvernement de la République autorisa les Frères à regagner la France et à enseigner en gardant les vêtements qui leur avaient valu l'exil. Ils repassèrent la frontière avec leurs tricornes et leurs quatre bras, en attendant d'endosser l'uniforme de l'armée. Ils laissèrent derrière eux la prodigieuse cité qu'ils avaient créée en moins de trente ans, ses bâtiments immenses : chapelle, théâtre, classe, laboratoire, ateliers, musée, serres et jardin.

Ils étaient prêts à recommencer.

Frédérique

Versailles.

Pour une petite fille éprise d'imaginaire, il n'y a pas de lieu plus périlleux que Versailles. Versailles est le lieu exact où l'on voit se fondre Vérité et Merveille. Les ombres des humains défunts, les dieux de marbre qui peuplent le parc eurent pour moi autant de réalité que les Écrivains. Les Écrivains qui disaient : « Vive le Front populaire ! », tandis que je parcourais l'allée du Roy escortée de ma bonne, comme Sophie de Réan et les Petites Filles modèles.

Eux, les Écrivains, étaient devenus les Camarades. Mais les domestiques leur parlaient toujours à la troisième personne : « Si Monsieur Guilloux veut bien me confier son pardessus... », « Si Monsieur Martin-Chauffier désire que je lui coupe quelques tranches du saucisson que la mère de Madame nous a envoyé des Cévennes ? », disaient-elles aux plus intimes. Et Liouba, l'aristocratique épouse d'Ilya Ehrenbourg, félicitait Maman sur la tenue de la maison :

– Il ne faut jamais oublier, Chérrrrie, que dans la révolution il y a toujours quelqu'un qui arrive et qui dit : « Madame est servie ! »

Toute ma vie j'ai eu la chance de naviguer sur l'inconciliable. Sur l'apparemment inconciliable, car, pour les Gémeaux, rien n'est plus séduisant que l'union de l'ombre et de la lumière, les saveurs douces-amères, et le mariage des extrêmes. Or, nous étions Gémeaux, papa et moi.

Tels les Tyndarides
Aux belles cnémides
Dompteurs de chevaux
Nous étions Gémeaux *...

Ah, la Poésie ! Quelle amie !

Papa disait qu'elle était née de la Bible. La Bible que Mémé, pas folle, avait glissée dans mes bagages entre un pyjama de pilou rose et *Les Mille et Une Nuits*.

Les Camarades étaient tous d'accord pour reconnaître la poésie de la Bible, mais personne n'entonnait de cantique d'action de grâces.

Dieu n'était visiblement pas le centre de leurs préoccupations. Ils préféraient l'Homme. Ils avaient « un infini respect les uns des autres et de leurs différences », m'expliqua Maman, un soir, en me bordant. Ils étaient des Intellectuels, et c'était pour ça qu'ils ne parlaient pas de Dieu.

– Chacun a le sien ? demandai-je.

– Si tu veux, répondit-elle avec un sourire.

Je n'osais pas demander : « Et toi, Maman ? » Elle s'était assise sur mon lit, dans le bureau de Colbert, et dressait pour moi l'inventaire de nos amis. Il y avait de tout. Des libres-penseurs, des incroyants, quelques protestants...

– Comme nous ?

* Jean Cocteau.

J'eus l'impression que ma question l'agaçait. Elle continua l'inventaire :

– Des israélites, des communistes...

– C'est quoi, ça ?

– Les israélites ?

– Non, les autres. Les israélites je les ai vus dans la Bible, je les connais.

– Bien, dit-elle en caressant mon front. Les communistes... Papa t'expliquera.

– Est-ce que nous avons aussi des catholiques ?

– Je t'ai dit que nous avions de tout parmi nos amis.

– Les catholiques sont nos amis ? dis-je, pleine d'espoir.

Elle hésita, puis précisa :

– Certains catholiques.

– Les catholiques « intellectuels » ?

– Voilà !

– Et les autres ?

– Beaucoup de catholiques croient à des choses auxquelles nous ne croyons pas...

– L'opium du peuple ?

– Qui t'a parlé de ça ?

– Personne. J'ai entendu un monsieur le dire à Papa... C'est quoi l'opium du peuple ?

– Des superstitions.

– C'est quoi des superstitions ?

Elle me raconta l'aventure qui était arrivée à un petit Martin-Chauffier. Le matin de sa Communion, l'enfant avait mangé une cerise, et on avait reporté la cérémonie à l'année suivante : il fallait être à jeun pour communier. L'histoire m'enchanta. On aurait dit un conte d'Andersen ! Maman ne semblait pas partager mon enthousiasme. Si elle avait eu envie d'aller vers Dieu, ce n'est pas une cerise qui l'en aurait empêchée ! J'aurais aimé parler de cette cerise toute la nuit, de ses pouvoirs, de la Communion...

– C'est quoi « la Communion » ?

– Il faut dormir, maintenant, dit Maman après un dernier baiser.

Elle se leva, alla vers la porte. Je me lançai :

– Et moi, Maman ?

– Toi ?

– Je suis quoi ?

– Protestante, dit-elle en éteignant la lumière.

☆

La petite fille était d'une rare beauté. Blonde. Aérienne. Royale. Du reste elle était noble, comme plusieurs filles du lycée de Versailles. Depuis la rentrée j'essayais d'attirer l'attention de Guilhène, d'éveiller son intérêt, de devenir son amie...

Et voilà qu'elle me regardait enfin ! Me souriait. Si belle !

– Comment se fait-il que tu ne portes pas de médailles ? me demanda-t-elle gentiment.

– Je suis protestante.

– Dommage..., dit-elle avec un tel accent de sincérité que je faillis me mettre à pleurer en plein milieu de la cour de récréation.

Elle avait déjà rejoint d'autres compagnes, mais j'avais de la suite dans les idées : je lui emboîtai le pas...

– T'es protestante, alors on jouera pas avec toi ! me lança une des filles qu'elle venait de rejoindre.

Je m'arrêtai net et regardai Guilhène.

Elle me tournait le dos et plaisantait avec une compagne qui arrivait. Elle semblait m'avoir oubliée pour toujours.

Guilhène de Renty.

Je devais la retrouver une première fois après la Libération, pendant notre année de philo. Nous sommes allées l'une vers l'autre, et nous nous sommes embrassées longuement, pour rattraper le temps perdu. La guerre avait aboli tant de choses ! Je l'ai revue plus tard, toujours aussi belle, aussi rayonnante. Il y a quelques années j'appris qu'elle venait d'être assassinée.

Mon amie s'appelait alors madame Marchal.

Si les petites aristocrates du lycée ne désiraient pas se lier d'amitié avec moi, ce n'était pas seulement pour des raisons confessionnelles, mais aussi parce que j'avais défilé avec le Front populaire.

La Politique.

Je fis cette découverte un jeudi, en me rendant pour la première fois chez les scouts unionistes.

– Là, au moins, plaisanta Papa, on ne te traitera pas de sale protestante !

– Il ne manquerait plus que ça ! s'indigna Maman, qui aurait préféré me voir enrôlée sous une bannière laïque.

La cheftaine était très gentille, très gaie. Les éclaireuses aussi. Je passai un merveilleux après-midi et la cheftaine décida que, bientôt, mon totem serait « Cigale futée ». Je m'amusai beaucoup avec deux jumelles très mignonnes. Malheureusement, quand leur maman vint les chercher et qu'on lui eut dit mon nom, elle s'écria avec horreur :

– Comment ? Vous osez recevoir la fille de ce sale rouge ! Ce bolchevik qui se pavane chez nos rois !

J'éclatai en sanglots.

La Politique ! Je la détestai. À vie.

La pauvre cheftaine était désolée, elle m'embrassait en pleurant. Les jumelles pleuraient aussi. Moi, j'étais comme le Fils de l'Homme qui n'a pas de toit où poser sa tête ! Je découvrais la complexité de la vie, et je rageais d'être trop petite, de manquer de mots pour confondre la méchante dame. Ah, si Mémé avait été là ! Elle lui aurait fait honte ! D'abord, elle lui aurait interdit d'être protestante ! Ça aurait dû lui faire plaisr, à cette dame, puisqu'elle était protestante, qu'on habite chez Louis XIV, avec tout ce qui s'était passé au temps des dragonnades ! Elle aurait dû être contente ! Elle n'était pas contente du tout ; elle était furieuse. Et, quand je m'en allai, tenant la main de ma bonne affolée, elle cria :

– Et, en plus, ça se fait servir !

☆

« T'es protestante, alors on ne jouera pas avec toi ! » C'est déjà dur à avaler quand on n'est pas baptisée, mais être refoulée par les protestants parce qu'on est la fille d'un rouge, entendre la cuisinière dire dans votre dos : « Monsieur, c'est qu'un salopard ! », ça fait beaucoup pour une petite fille.

De ce jour, je me mis à observer les Écrivains avec encore plus d'attention. Il fallait que je sache où ils voulaient en venir. Si on avait des choses à leur reprocher, ce serait terrible ! Étaient-ils méchants ? mais non ! Ils avaient l'air si gentils, si généreux ! Le problème c'était que, comme ils étaient des Intellectuels, j'avais du mal à saisir leurs propos, à comprendre pourquoi ils aimaient tant la France et détestaient *l'Action française* que lisaient les papas de Guilhène, Barbe et Guillemette.

Heureusement, Mémé débarqua avec des olives, des châtaignes et du nougat. Elle ne se fit pas prier pour éclairer ma lanterne, et je compris tout.

Il y avait la droite, et la gauche. Nous – les gentils –, on était la gauche, et les autres – les méchants –, ils étaient la droite. Même la cuisinière.

Ce qui la révoltait, Mémé, c'est qu'il puisse y avoir des protestants de droite. Comme notre cousin André qu'on appelait maintenant « le cousin de droite », et qu'on ne voyait plus pour ne pas se disputer.

Ça me faisait de la peine, je l'aimais bien, le cousin de droite...

Mémé était lancée.

– Il ne faut pas que le fascisme passe ! Il faut barrer la route à Hitler !...

– Il est pour Hitler, le cousin de droite ?

– Non, bien sûr ! Dieu garde, malheureuse !...

Mais il était contre le Front populaire, il ne se rendait pas compte que les Intellectuels luttaient pour le bonheur de l'humanité, pour la fraternité, pour les congés payés, pour les lendemains qui chantent...

Je demandai s'il y avait des Intellectuels de droite. Mémé éclata de rire : « Intellectuel » ça voulait dire « Intellectuel de gauche ».

– Tu as de la chance, me dit-elle.

J'étais bien tombée. J'étais la fille d'un camisard rouge, logé à Versailles, et doté de plus de privilèges qu'un duc sous l'Ancien Régime où le Roy ne leur accordait qu'un tabouret !

– Aussi tu dois être sage, travailleuse, obéissante, gracieuse, et la première de ta classe !

Je ne voyais pas le rapport, mais il était inutile de discuter avec Mémé, d'autant plus que, question sévérité, Maman était toujours d'accord avec elle.

Quand elle est en visite chez ses enfants, Mémé va tous les dimanches au Temple. Elle n'ose pas m'emmener avec elle, la pauvre. Depuis l'histoire de la méchante dame protestante, Maman est encore plus libre-penseur qu'avant. Mais, chaque soir, quand Mémé vient m'embrasser, quand nous sommes seules, on fait la prière comme autrefois, à Nîmes, quand j'étais petite :

Moun Dieù
Sieù tiéu...

Ça lui fait plaisir.

Plus plaisir que les compliments que mon nouveau professeur de danse lui a faits sur moi. Encore plus impitoyable pourtant que Svetlana Petrovna, ma première maîtresse. Elle n'excuse rien. Quand on n'arrive pas à faire ce qu'elle demande, elle nous regarde et dit simplement :

– Tu DOIS y arriver !

Et on y arrive !

Je l'adore ! Dans mon cœur je l'appelle Darling.

Comment faire comprendre à Mémé qu'en obéissant à Darling j'obéis à une morale ? Que la Danse est la plus rigide des Fées et des Vertus ?

Plus tard Mémé comprendra.

Elle ne reste jamais longtemps chez le Roy. Nîmes lui manque vite. Elle repart vers le Dieu-Source par le chemin de fer. Moi, je reste avec les Écrivains, avec les Camarades.

Ils sont là tous les dimanches : Messieurs Malraux, Guéhenno, Guilloux, Prévost, Saint-Exupéry, Nizan, Petit, Cassou, Wurmser, Martin-Chauffier... Pas tous ensemble, bien sûr. On ne voit plus Zelda et son mari, et tout le monde est triste quand on parle d'eux, à cause de l'alcool. « Ce pauvre Gatsby... », disent-ils. Les Ehrenbourg, eux, qui boivent bien aussi mais moins, viennent de temps en temps. De Moscou.

Certains Camarades ont des enfants et me les amènent. Vous pensez : goûter à Versailles ! J'ai plein de petits amis : Prévost, Joxe, Vaudoyer, Wurmser... Mes préférés ce sont les enfants Kayser. Plus tard, j'en épouserai au moins un. On s'amuse beaucoup.

Et, parfois, des Écrivains plus âgés sont reçus avec de grandes marques de respect. Messieurs Mauriac, Maurois, Romains, Gide... et même Monsieur Romain Rolland qui a dit à Papa : « J'aime l'humanisme sacré qui anime toute votre vie ! »

J'ai de la chance.

Monsieur Paulhan m'a présentée à sa guenon féroce, et on est devenues amies.

J'ai de la chance.

Et, un jour, en rentrant au château après un défilé où j'avais chanté *l'Internationale* sur les épaules de Papa, voilà que je l'entends raconter une chose énorme à un écrivain soviétique qui n'en croit pas ses oreilles et lui demande de répéter : une tradition républicaine permet aux filles de conservateurs de se marier dans la chapelle royale de Versailles !

La Chapelle royale ?... Je suis à deux doigts de m'évanouir. J'entends les orgues solennelles, j'avance au bras de mon père, une gerbe de lys serrée contre mon cœur, à petits pas sur les dalles de marbre.

– Les filles de conservateurs, mais oui ! répète Papa, avant d'ajouter en découvrant mon air extasié : sauf toi, bien sûr...

Envolé le rêve ! Disparue la traîne de brocart blanc, le voile de dentelle de Malines, les lys virginaux...

Me voilà plus misérable, plus démunie, plus défaite, plus détroussée que Cendrillon au dernier coup de minuit.

– ... parce que ce serait un vrai scandale, continue Papa. Ce serait oublier les martyrs et les prisonnières pour la Foi !

Il a raison. Papa a toujours raison. Les grandes personnes ont toujours raison. Surtout mes grandes personnes à moi qui luttent contre le fascisme, contre Hitler, et pour le bonheur de l'Humanité !

Protégée par eux, je ne risque rien.

J'ai de la chance !

La guerre a éclaté pendant les vacances.

Louis

La rentrée avait eu lieu en novembre.

Je descendis à la gare de Brétigny, par un crépuscule pluvieux, avec ma lourde valise. Je retrouvai quelques camarades sur le quai. Et nous commençâmes à marcher vers le Château La Fontaine, sans être sûrs du chemin. Nous savions seulement que c'était loin.

Je m'arrêtais souvent, certains m'attendaient, mais petit à petit, ma lenteur les désespéra. Et je leur dis d'aller, que je trouverais bien ma route, et je fus seul dans l'obscurité humide.

Pourquoi avais-je pris la *Sopoldavie* qui pesait si lourd ? La rage, la douleur et la pluie me faisaient croire que je pleurais, mais ce n'était pas le cas. Enfin, j'arrivai à l'entrée du parc. Une longue allée d'arbres m'attendait. À mi-chemin du château dont j'apercevais enfin les lumières, une grille ouverte, avec un pavillon de chaque côté. Je terminai le trajet en tenant ma valise à deux mains.

Je la posai au bas d'une volée de marches très larges qui accédait à une terrasse sur laquelle donnaient trois portes-fenêtres. Celle du milieu était ouverte, j'entrai. Le vestibule était immense, très haut, très large. Tout à gauche, une cheminée au-dessus de laquelle descendait une longue tapisserie. Loin à droite, un escalier à double révolution dont les marches se croisaient à mi-étage dans une sorte d'échancrure-loggia d'où l'escalier repartait vers les hauteurs.

Tout était pierre, marbre, fer forgé. Je pensai d'abord aux premières pages d'un roman. Mais non ! J'étais dans un décor. Ce serait un film. J'allais être mon personnage dans une histoire qui restait à écrire mais dans laquelle je serais très heureux.

Mon instinct ne me trompait pas. Je passai à Brétigny l'année la plus radieuse de toute ma scolarité.

Après la partition millimétrée de Froyennes, c'était l'improvisation, la nouveauté, la découverte. Notre classe était la salle de billard ; notre dortoir, la chambre de Mademoiselle où étaient serrés une vingtaine de lits. Autant pour le reste de la classe, dans la chambre de Madame. D'autres lits étaient rangés côte à côte dans la vaste galerie qui dominait le vestibule. La chapelle occupait les combles sur toute la longueur du château.

Je n'imaginais pas une seconde tout ce qu'il avait fallu de courage, de foi, d'ingéniosité, pour entreprendre et réussir en si peu de mois une transformation aussi importante. Tout paraît naturel à qui profite sans effort du travail d'autrui.

Le lendemain, je découvris l'autre versant du château. Les portes-fenêtres de la classe ouvraient sur la terrasse qui descendait vers la pièce d'eau et, au-delà, après un large espace de prairie, commençait la partie boisée du parc. Elle cachait une dépression au creux de laquelle nous allions découvrir un étang.

Des découvertes j'allais en faire tout le long de l'année. La première, ce fut celle de la puberté.

En me savonnant vigoureusement sous la douche, je crus tout à coup avoir abîmé mon organisme. L'aumônier, l'abbé Klein, me rassura. Il s'agissait simplement d'un progrès de la nature, mais comme j'ignorais toujours comment venaient les enfants – à vrai dire, je ne me posais aucune question à ce sujet (et je me demande aujourd'hui comment cela était possible) –, ces propos sur une famille à venir, des enfants à élever, tout apaisants qu'ils fussent pour mes inquiétudes physiologiques, me demeurèrent hermétiques pour l'essentiel. J'étais rassuré sur ma santé. Je ne voyais rien au-delà.

Et puis une découverte beaucoup plus importante, un véritable éblouissement, vint illuminer mes jours et mes pensées : la Littérature. J'avais lu beaucoup, mais je ne retenais de mes lectures que l'anecdote. Certes l'âme des dictées qui traitaient des instants de la nature m'avait déjà transporté, je l'ai dit. Mais là, quand le Frère Adorateur de Jésus (c'était son nom) nous lut dans Chateaubriand *Prière au milieu de l'Atlantique* ce fut une véritable révélation.

Il faut dire que cet homme lisait comme un dieu. Sa voix nette, précise, articulait dans l'atmosphère de la classe une suite de sons magiques, auxquels une pointe d'accent nivernais, une manière légère d'effleurer les « r », ajoutait une pulpe délicate.

Le Frère Adorateur était grand, mince, étroit de visage, distingué jusqu'au bout des ongles. Sa réputation était terrible ; son surnom : « Pète-Sec ». Il n'élevait jamais la voix, mais ses réparties étaient cinglantes. Que dis-je ? Crucifiantes ! Il avait un don de formulation et une capacité d'expression hors du commun. C'était un grand acteur : économie de moyens, maximum d'effet.

Nous en eûmes une preuve supplémentaire lorsque, au trimestre suivant, il nous lut *Madame Bovary*, qui était son enfant chéri. Oh, pas la scène du fiacre, bien sûr ! Mais les comices, quel régal ! Toute sa malice pétillait à chaque ligne. Monsieur Homais était son personnage de prédilection, et quand il terminait par : *Libre à vous, messieurs de Loyola !*, on avait envie d'applaudir.

J'étais plus que jamais décidé à être acteur, mais je découvrais qu'il fallait aussi écrire pour que la vie soit complète. Je naviguais dans une félicité quotidienne. Que de fois, au cours de mon existence, ai-je pensé au Frère Adorateur, dont la piété était aussi naturelle que la malice, mais surtout chez qui toutes les facettes de la personnalité, loin de se contredire, contribuaient à une harmonie d'ensemble que j'appellerai « la vertu d'unité ».

Une autre découverte fut celle dont j'étais l'objet. Quelqu'un me distinguait. J'étais dans ma cinquième année de collège. J'avais croisé nombre de professeurs, mes rapports avec eux avaient été variés. De leur part ils allaient de la sympathie à l'intérêt, en passant par l'indulgence ou la curiosité. J'en connus d'indifférents, de furieux, de sadiques même, mais c'était déjà une forme d'intérêt. Je ne m'étais jamais senti « distingué ». Être distingué, c'est lorsque quelqu'un nous désigne, au milieu des autres, et nous dit : « Vous ! »

C'est une irruption de la confiance, un phénomène d'évidence ou d'affection qui se dispense de toute preuve. Jusqu'ici je n'avais connu que ma marraine et Raymond, le mari de ma mère, pour m'avoir « distingué », mais je leur étais, en quelque sorte, proposé. Là, rien de semblable. Il s'agissait du professeur de latin, précédé, lui aussi, d'une réputation redoutable : « Vous allez avoir Benoît-Labre ? Vous n'allez pas rigoler ! »

C'était un homme de taille moyenne, une vraie boule d'énergie qui éclatait dans ses yeux très bleus, très saillants sous un front très bombé. Le nez était court, légèrement relevé, palpitant ; la bouche frémissante, impatiente, toujours à formuler, à intervenir, l'abondance de salive le faisait un peu zozoter. Il n'était pas beau, mais l'ardeur du regard enlevait tout. Sa physionomie me faisait penser à celle de Socrate. Une âme de feu qui imaginait mal que l'on ne puisse suivre son rythme. Il était impatient, volubile, enthousiaste, mais cette effervescence ne s'accompagnait d'aucune gesticulation ; le brasier était tout intérieur. Que m'apprit-il ? Oh, peu de choses... que j'étais moi, et personne d'autre.

Cela impliquait que j'avais une fonction à remplir, un rôle à jouer, que ce que j'avais à faire nul autre ne le ferait à ma place. Quelque chose me rappelait les propos de ma marraine.

Il essayait de me persuader qu'on pouvait influer sur les événements et que, même, je devais le faire. Mais ce monde ne m'intéressait pas. Je ne sentais ni l'envie ni le besoin d'y figurer. Il découvrait à quel point j'étais convaincu de l'inutilité des choses. Par tempérament, par expérience, par éducation. Non, je ne songeais pas à influer sur les événements mais à en tirer parti, plus porté que j'étais vers l'agrément que vers la conquête.

Cette position – très inconsciente à l'époque – était une conséquence du naufrage originel de la cellule familiale. Je n'étais pas malheureux, mais fracturé. D'où mon allergie aux chocs, aux affrontements, mon penchant à vivre et m'épanouir dans une réalité recomposée – d'où la *Sopoldavie*.

Quand je lui eus parlé de ce que j'avais écrit, de ce que j'avais fabriqué, il dit : « Ça ne m'étonne pas. » Il voyait en moi des capacités dont j'étais insouciant, et cela le désolait mais ne le désespérait pas. D'autant que je n'étais ni porté au laisser-aller, ni rebuté par l'effort, ni désavoué par mes résultats. Mais il voyait mieux que moi vers quels dangers ma nature risquait de me porter.

Je n'eus jamais à cette époque d'entretien particulier avec lui. Nos propos étaient échangés au hasard des promenades, des allées et venues en récréation. Même si nous déambulions en petits groupes, les propos qu'il tenait en l'air me concernaient pour une bonne part.

Parfois l'arrivée incongrue d'un militaire suspendait nos conversations. Stupeur, c'était un Frère que nous avions connu sous la soutane ! Mais ce n'était plus lui ; il était devenu un autre, un inconnu. C'est vrai, le pays était en guerre et nous n'en avions nul souci. Pourquoi s'inquiéter ? L'heure venue, la défaite serait pour les Allemands. Dieu était de notre côté, la Sainte Vierge n'en parlons pas. Et puis il y avait beaucoup de protestants chez les Allemands, ce qui n'était pas un bon point pour eux...

Avec la belle saison on nous lâcha dans le parc. Les récréations avaient tendance à s'allonger. Le son de la cloche ne parvenait pas jusqu'à l'étang ; on remontait en prenant son temps. Les nouveaux n'étaient pas des élèves mais des professeurs, des civils même qui remplaçaient ceux qui partaient. Un doux flottement dans la discipline rendait le printemps encore plus suave. On nous distribua des outils pour jardiner, les plus hardis fumaient dans les roseaux.

Tout le monde était heureux.

Je vis mon père en képi vert de pharmacien, jovial, détendu, gouvernant son train sanitaire, longtemps immobile à Gray, où les malades étaient plus nombreux que les blessés. Pourquoi s'inquiéter ?

Les Allemands envahissaient le Danemark, débarquaient en Norvège. Tant pis pour eux !

Et les voilà qui attaquent ! Qu'est-ce qu'ils vont prendre ! Avec l'armée, avec les chefs que nous avons !

Mais pourquoi Weygand est-il en Syrie ?

Parce qu'il va à la messe : la République n'aime pas les officiers qui vont à la messe.

N'importe ! Notre armée entre en Belgique.

Mais bientôt les Belges en sortent, jetés sur les routes par l'avance allemande.

Les nouvelles deviennent confuses.

Mais on colmate ! On colmate !...

Ils ne franchiront pas la Meuse.

C'est fait !

Alors nous les arrêterons sur la Somme, sur l'Aisne.

Et, si ça ne suffit pas, sur la Marne !

Voilà Weygand qui revient de Syrie.

Tout va changer !

Mais on voit arriver sur nos pelouses des voitures qui descendent du Nord. Ce sont des parents qui viennent chercher leurs enfants. Les voitures sont surchargées. Ils ne s'attardent pas. Ils disent : « C'est terrible ! » Ils repartent.

On nous réunit.

« Mes enfants, l'heure est grave. Il faut prier pour la Patrie. »

D'accord, on a déjà prié pour la Patrie. Je le fais encore, mais, en moi, je pense que c'est douter de la victoire.

Et je m'aperçois que je ne sais pas prier. Ou, plutôt, que je ne sais pas demander. Dieu sait ce qu'il fait, pourquoi l'importuner ?

D'autant qu'en Allemagne il doit y avoir également des jeunes garçons qui prient aussi pour la victoire. Quand j'en fis la réflexion à mes maîtres, on me dit, une fois de plus, que j'avais mauvais esprit.

Là-dessus on apprend que le gouvernement français s'est rendu en grande pompe à Notre-Dame !

Je trouve ça indigne. « Bouffer du curé » à longueur d'année, couvrir de sarcasmes la communauté chrétienne, et, quand les choses tournent mal, aller demander du secours à la Sainte Vierge !

Mais les Frères ne sont pas de mon avis. J'ai vraiment mauvais esprit.

Puis j'entends tomber mes premières bombes sur le terrain d'aviation de Brétigny.

Ma mère téléphone qu'elle quitte Taverny, qu'elle passera, si elle le peut, me prendre au collège. Elle me donne, et me fait répéter, le nom du village où nous devons nous retrouver au pied des Pyrénées.

– Tu te souviendras ?

– Oui.

Il faut partir. Un Frère me conduit à Austerlitz. Il me fourre dans le train. On me repousse. Un homme déjà dans le wagon (un insoumis) me saisit à deux bras et me tire à lui.

– Où vas-tu, petit ?

Mon Dieu ! J'ai déjà oublié le nom du village.

Les semaines qui suivirent furent faites d'errances, de confusion et d'espoirs.

Lorsque, enfin, je retrouvai la famille au complet j'avais appris, dans une ferme, à garder des vaches, à les mener au pâturage, à les soigner. Passé le soulagement de s'être retrouvés, le chagrin et l'affliction dominaient.

Je ne comprenais pas cet abattement. Les Frères m'avaient appris qu'il ne fallait jamais céder à l'adversité quelles que fussent les circonstances. Il s'agissait d'une épreuve dont nous sortirions. Je n'en doutais pas une seconde. Et puis l'armistice n'était pas la fin de la guerre !

Devant une carte de la France aux deux tiers occupée, je faisais le recensement de ce qui nous était laissé : on avait de la houille et des usines, Saint-Étienne, Le Creusot ! Et puis la Flotte ! Et puis l'Empire ! Et ce général, à Londres... comment s'appelait-il ? De Gaulle ! Si ce n'était pas un signe, ça ? Il ne fallait pas ployer sous le joug des événements. Il fallait continuer avec encore plus de confiance.

Je vis les premiers uniformes allemands à Vierzon. « Il ne faut pas les regarder, m'avait dit ma mère. Ils n'existent pas. » On pouvait, à la rigueur, ne pas les regarder, mais difficile de ne pas les entendre : leurs chants et leurs bottes résonnaient dans nos rues.

Je pensais à ma grand-mère, à ses hurlements, à ses cheveux arrachés. Je pensais aux gens qui avaient accompagné leurs fils à la gare et à qui on rendrait des cercueils !

Je découvrais que la guerre était encore plus horrible que je ne l'avais cru. Je découvrais que ses ravages ne se limitaient pas aux veuves, aux morts et aux disparus, mais qu'elle estropiait les consciences et justifiait les crimes.

☆

Il me restait trois années à accomplir avant de quitter le collège.

Comment parler de ces trois années qui, dans mon souvenir, ne forment qu'une seule journée, grise, maussade, où, finalement, le soleil ne se lèvera jamais ?

Pourquoi la mémoire si nette des jours de Froyennes, la mémoire si ensoleillée des mois de Brétigny, s'est-elle évaporée, incertaine, contradictoire ? Quel désastre intérieur a provoqué cette évaporation des souvenirs ?

De la surface de cet océan morose émergent de surprenants îlots.

C'est un Vendredi saint – de quelle année ? Après le Chemin de Croix à l'église de Taverny, je me suis engagé dans la forêt, sous un ciel sombre. J'ai marché. Je me suis arrêté au pied d'un arbre qui domine la carrière du Pont-du-Diable, j'y ai grimpé, ou plutôt je me suis hissé car l'arbre avait peu de branches et à peine de feuilles, petites. Je monte aussi haut que je peux. Un vent mauvais vient le tourmenter. Toute la nature est de mauvaise humeur. La pluie qui passe vient me cracher au visage une minute ou deux, s'éloigne, puis reviendra. Cramponné à mon perchoir qui oscille dangereusement, pourquoi me dis-je que je n'oublierai jamais cet instant ?

Je ne pense à rien. Je pense à l'avenir avec indifférence. De toute façon, il aura lieu. Que me réserve-t-il ? Pourquoi me poser la question ? Je n'espère, je ne souhaite, aucune réponse. Il ne faut pas s'inquiéter de l'avenir, il faut s'inquiéter de soi.

La rentrée se fit à Buzenval. Le grand pensionnat Saint-Nicolas nous laissait, légèrement à l'écart de ses bâtiments, la disposition d'un ancien noviciat.

Je croyais toujours à la victoire, mais combien durerait le temps d'épreuves qui s'était ouvert avec la débâcle ? Je ne mettais plus mon espoir dans le rapport de forces. Je laissai tomber l'Empire et Saint-Étienne et Le Creusot, devenus dérisoires. Je ne mettais pas en doute l'intervention divine. Pourquoi n'arrivais-je pas à prier pour hâter cette intervention ? Il faut déjà prier quand tout va bien, et j'avais honte de ne me tourner vers le Père que parce que les choses prenaient un cours désolant.

Les bombes font trembler le dortoir. Les pièces d'artillerie, toutes proches du collège, déchirent l'atmosphère.

Je ne dis pas : « Mon Dieu, protégez-moi. »

Peut-être n'ai-je pas assez peur... Je ne sais pas. Je ne veux pas l'importuner... Il a bien d'autres choses à faire.

Et puis je suis plutôt du côté *Que Votre Volonté soit faite* que du côté *Accordez-moi ceci, ou cela.*

Je m'étonne encore du silence qui régnait parmi nous au cœur de ce déferlement. Nous étions là une quinzaine, nos lits étaient si proches, et pas un mot n'était échangé. Et, plus étonnant encore, le lendemain nous ne parlions même pas du bombardement de la nuit.

Il est vrai qu'à l'intérieur du collège nous vivions, sinon coupés du monde, au moins très isolés. Bien sûr, ni journaux ni radio. La vie était à la fois répétitive et figée. Avec, parfois, un incident.

Une voiture de la police allemande débouche dans la cour. On fait appeler l'élève Giraud. Au cours d'une promenade il a dessiné un ☨V sur un mur.

« Quelle sorte de ☨V ? » lui demande la police alle-

mande en lui présentant une double page sur laquelle figurent différents types de $\overset{\dagger}{V}$. « Lequel ? »

Il n'en sait rien. La police l'embarque.

Le Frère Jérôme est mort cette nuit.

« Mais hier encore... ! » Oui, hier encore, il était vivant. Mais c'est comme ça. C'est la vie...

Il repose sur son lit, les doigts croisés sur son chapelet, un peu de coton dans le nez.

Il est pâle. Il n'a pas l'air malheureux. Il est au ciel. Tout cela est incontestable et irréel.

J'apprends que l'Alsace et la Lorraine que je croyais simplement occupées sont annexées. Chagrin et colère. L'Alsace ! Je pense à notre maison de Walheim. Quand la reverrons-nous ? Et la reverrons-nous ? Mais oui, bien sûr nous la reverrons puisque la Victoire sera pour nous. Mais quand même, le chagrin demeure. Et, puisqu'il faut bien sourire, on me dit que la rue du Sauvage, la rue principale de Mulhouse, a été débaptisée. Elle s'appelle désormais Adolf Hitler Strasse.

Certains matins, dans le froid de l'hiver, quand le vent est à l'est, on entend des rafales. On pense que les Allemands font des manœuvres. Non, ils fusillent. Mais ça, nous ne le saurons qu'après. Non pas qu'ils fusillent, mais que ça se passe au Mont Valérien.

Des professeurs civils apparaissent, enseignent quelque temps, puis ne reviennent pas. On ne se pose pas de questions. C'est comme ça, c'est la vie.

Sinon, on marche. On marche, et il fait toujours froid. Quatre kilomètres pour la gare de Saint-

Cloud ; cinq pour la gare de Rueil ; huit pour descendre à Auteuil Bon-Cinéma, rue La Fontaine, et huit au retour, bien sûr. On marche, on marche.

Je vais voir le C. F. Benoît-Labre dans son école de la rue des Prairies, en haut et au fond du XXe. Il veut me montrer des choses dans Paris.

Cinq heures plus tard, nous nous disons au revoir devant la chapelle espagnole de l'avenue de Friedland. Nous sommes passés par la Bastille, le Jardin des Plantes ; nous sommes montés au Panthéon, avons visité la crypte, Saint-Étienne-du-Mont : restes de Racine, restes de Pascal ; la Cité ; Notre-Dame-des-Victoires : un cierge ; la chapelle espagnole : une prière. On se sépare. Il rentre à pied.

De retour au collège, j'apprends que la retraite sera dirigée par le Père Daniélou. Il paraît que son père a été ministre de la République, et qu'il était anticlérical. La retraite eut lieu. Je ne me souviens pas d'une phrase, d'un seul mot, du visage même du Père Daniélou.

Où est passée la mémoire de ces années ? C'est comme un miroir brisé. Les pièces sont restées dans le cadre, mais les fractures retirent toute signification à l'ensemble.

En fin de journée, nous irons à la ferme. On vient de saigner un cochon. Ce sera instructif de voir l'intérieur. Il paraît que ça ressemble à l'homme. Tout cet attirail de viscères me tourne le cœur. Un camarade me dit que c'est un beau verrat. J'aurai au moins appris quelque chose.

Il y a derrière tout cela un chagrin qui ne s'avoue pas. Presque un sanglot qui reste dans la gorge, avec

lequel on s'habitue à vivre et qui, même, ne nous empêche pas de rire. Je n'éprouvais plus aucun élan pour l'avenir. Les jours me poussaient, moi je n'avançais plus.

Je n'ai plus aucun contact avec le Ciel, et je ne m'en doute pas ; c'est aujourd'hui, en revoyant ma vie, que j'en prends conscience.

À l'inverse, ma mère a trouvé dans la religion le secours qui l'aide à traverser ces années noires, au cours desquelles elle se trouve enceinte deux fois. Elle a maintenant six enfants, qu'elle doit nourrir.

Elle a institué la prière du soir. Après dîner, debout autour de la table, nous prions à haute voix. Cela me fait du bien que nous soyons tous ensemble. Mais je suis si peu à la maison ! Je suis tellement passionné de cinéma que je dis à ma mère que je vais chez mon père, à mon père que je vais chez ma mère. Le dimanche j'arrive à voir trois films. Je débarque à 10 heures au *Cinéac Saint-Lazare* ; au moment des actualités on rallume dans la salle pour dissuader les ricanements. Les images ainsi délavées donnent un sentiment d'imposture, d'angoisse et d'irréalité.

En sortant, je ne déjeune pas. J'achète *Comoedia* et je file sur les Boulevards. J'entre à l'*Aubert-Palace*, au *Helder*, au *Paramount* où il y a des attractions. Puis je cours prendre mon train car il faut être de retour pour le Salut de 18 h 30 et, comme je vous l'ai dit, il y a quatre kilomètres de la gare au collège. Le visage des jeunes actrices m'accompagne tout le long du chemin, et je pense à elles le soir au dortoir.

Le jour du bac arrive. Je crèche dans le petit appartement au-dessus de la pharmacie de mon père. Français, latin, sur 20, pas de gros problèmes ; ce n'est pas pour rien que j'ai été sélectionné pour le

Concours général. Mais le lendemain, ce sont les maths, sur 30 ! Infranchissable : ma meilleure note de l'année a été 1 1/2 sur 30, et encore j'avais copié.

Je pensais donc que mes études s'arrêteraient là. J'avais déjà relevé le nom des cours d'art dramatique dans *Comoedia*. J'avais rêvé avec *Étoiles de demain*, un documentaire sur le cours Simon.

Et puis, miracle et patatras. Je suis reçu !

Retour au collège, avec peu d'appétit, poursuivant une vie sans orientation. Difficile, à l'époque que nous traversions, de trouver un sens à ce que l'on vit.

Fragilité. Dérision.

Le jour où l'on nous parle des philosophes idéalistes qui prétendent que le monde tel qu'il se montre à nous n'est qu'une apparence, les bombes tombent à l'entour. Le professeur éclate de rire, et nous aussi. Une apparence, tu parles !

Les punitions perdent toute signification, les réprimandes aussi. Est-ce qu'on fusille quelqu'un en lui faisant les gros yeux ! Ça n'a pas de sens. La discipline se relâche, mais nous n'avons pas le cœur à en profiter. Notre petite société se décompose peu à peu. Les habitudes maintiennent encore une apparente cohésion, mais, insensiblement, elles s'effritent et partent en lambeaux.

Le Frère qui, autrefois, enseignait la philosophie à Froyennes devient Économe. Nous ne le voyons plus qu'en canadienne ; grâce à lui nous mangeons. Comment fait-il ? Nul ne le sait. Il organise parfois des colonnes d'élèves à bicyclette, traînant derrière eux de petits chariots remplis de fil de fer qu'il échangera contre des pommes de terre. Il est de plus en plus souvent aux Halles. Il finira par y laisser sa soutane et y trouver une compagne. Nous ne le saurons que plus tard. J'ai beaucoup de reconnaissance envers lui.

Et moi, dans tout cela ?

Oh ! comme je le fais depuis longtemps, je mène une vie parallèle. Je lis à longueur de journée. Pêle-mêle Pierre Benoît et Pierre Véry, *L'homme, cet inconnu* d'Alexis Carrel, une biographie de Mallarmé par le professeur Mondor... Et puis les Anglo-Saxons : *La Mousson, Poussière, Via Mala* (l'auteur est suisse, mais comme il s'appelle John, je le croyais britannique). Et puis *Corps et Âmes* de Maxence Van der Meersch, qui vient de paraître et dont tout le monde parle, mais que je lis en douce. Les médecins, qu'est-ce qu'ils prennent !

Et puis j'écris beaucoup. Des romans, des poèmes, des nouvelles...

Oui, mais la vie spirituelle ?

Alors, là, c'est le désert. Je n'ai aucun souvenir de vie religieuse.

J'ai assisté aux offices, mais je ne revois même pas la chapelle.

Je me suis confessé, je n'ai aucun souvenir du confesseur.

Il n'y a de ma part, vis-à-vis de la religion, aucune récusation, aucune remise en cause. La foi est intacte. Mais je ne prie pas : je dis les mots, je ne m'adresse à personne. Aucune communication entre le Ciel et la Terre.

Justement, un soir de novembre, tombent du ciel obscur des centaines de tracts qui descendent doucement et qu'on essaie d'attraper au vol. Ils nous apprennent que les Alliés ont débarqué en Afrique du Nord. Joie intense, mais brève : cette bonne nouvelle indique, en filigrane, qu'ils ne seront pas là tout de suite, que la vie dangereuse va se poursuivre et s'accentuer. Ce monde que les philosophes idéalistes mettent en doute nous étreint d'une poigne de plus en plus cruelle. Et encore nous ne savons pas tout !

Pour moi le S.T.O. se profile. Dans deux ans, certes, mais d'ici là bien des choses peuvent survenir. Alors, les projets !...

Bien sûr, je veux toujours être acteur. Je cours les films, le dimanche. Et puis j'ai envie d'aller applaudir au théâtre, en chair et en os, les acteurs que j'ai vus au cinéma. Mais comme je ne dispose que de peu d'argent j'organise un P.M.U. sur les compositions qui se révèle fructueux. Cela me permettra d'aller voir Pierre Fresnay et Yvonne Printemps *(Comédie en 3 Actes)*, Sacha Guitry *(N'écoutez pas, Mesdames)*, Bernard Blier, François Périer, Micheline Presle *(Colinette)*. Qu'est-ce qu'ils ont l'air de s'amuser !

Un soir, on nous annonça que notre retraite de fin d'études aurait lieu à La Trappe où nous irions passer trois jours. J'envisageais ce déplacement comme un divertissement imprévu. Une surprise m'attendait.

Dès l'abord, la solitude du lieu, la placidité absolue des étangs, la physionomie éclairée des religieux qui nous accueillaient, et, dès le premier soir, dans la chapelle traversée encore de la lumière du jour les sublimes accents du *Salve Regina* qui clôt la journée monacale, tout me fit sentir que ma famine spirituelle allait prendre fin.

Je renouais brusquement avec la seule vérité : le face à face ininterrompu avec le Créateur. J'enviais ces hommes de quitter leur cellule au milieu de la nuit pour descendre dans leurs stalles célébrer le Seigneur. Ces hommes avaient trouvé leur voie, trouvé dans la solitude l'unité de comportement qui génère la grandeur. Et la beauté.

Quelle douleur et quel danger pour un chrétien

obligé de se partager entre le Ciel et le Siècle ! Et comme je sentais venir avec appréhension – et espérance – le moment où j'allais débarquer dans ce monde, au milieu de tentations que j'ignorais encore ! La vie s'ouvrait devant nous.

La Vie.

Comment imaginer que quatre d'entre nous ne verraient pas le prochain Noël : Jean, Philippe, Armand, Michel. Le généreux, l'intrépide, le placide, le vivant. Victimes des événements. J'ai souvent pensé à eux au cours des longues années qui m'ont mené jusqu'au jour où j'écris ces lignes. Si je venais à être exposé aux dangers qui les ont détruits, c'est à ces camarades que je demanderais assistance.

On ne se sert pas assez des morts.

Parti dans un état d'anorexie religieuse, je me retrouvais, sur le chemin du retour, régénéré. Il avait suffi de quelques heures au contact de la vérité vécue, pratiquée, pour que les écailles de la croûte qui m'emprisonnait tombent d'elles-mêmes, et qu'en dessous réapparaisse l'armure du Chevalier auquel je n'avais pas pensé pendant des années. Et me revient en mémoire, la seule phrase qui m'est restée de huit années de collège – entendue quand ? où ? de qui ? Je ne sais – et qui est venue me visiter à différentes reprises au cours de ma vie : « La seule fatalité cruelle, c'est l'emmurement lent d'une âme dans des habitudes viles que la volonté sera impuissante à briser. »

Une partie de notre responsabilité avait été prise en charge par la discipline du collège. Même si elle avait perdu de sa rigueur, elle était encore un rempart suffisant pour ce que nous connaissions du monde. Désormais, j'allais être totalement abandonné à moi-même. J'avais bien besoin de l'équipement spirituel acquis au cours de ces années pour ne pas me trouver définitivement déstabilisé par l'univers dans lequel je m'aventurais et, surtout, par l'époque que j'avais à traverser.

☆

Bien sûr, les élèves du cours d'art dramatique où je venais d'entrer étaient assez différents de ceux avec qui j'étais allé à la Trappe.

J'étais surpris par la liberté des propos qui régnait, et par la liberté des gestes d'un sexe à l'autre – ou entre camarades du même sexe. La première fois où je vis deux garçons s'embrasser dans un cagibi, je fus tellement suffoqué que j'en oubliai de refermer la porte. J'avais fait huit années d'internat sans rien voir de semblable. Il paraît que j'aurais dû, qu'en internat c'était inévitable. On fait la même réputation à la Marine. Moi, je n'ai rien vu. On ne m'a rien fait. Ou bien je n'ai pas plu...

Mais ici je dus bien constater que je ne déplaisais pas. Je parle des jeunes filles, bien sûr. Je m'en étonnais car je croyais, à l'époque, qu'il fallait être doté d'une certaine beauté pour retenir l'attention des demoiselles, or je ne me trouvais, sur ce plan, rien de remarquable. Je voyais beaucoup de garçons très beaux, pleins d'assurance, et c'est vrai que cela semblait faciliter les contacts. Évidemment, avec mon sévère manteau noir, ma chemise blanche, ma veste boutonnée, ma cravate ajustée, je détonnais un peu. Jusqu'au jour où je pris conscience que ma réserve était devenue un élément attractif. On me dit que je ne ressemblais pas aux autres... à qui, justement, j'aurais voulu ressembler. On me demanda si je voulais donner des répliques. On m'invita à des surprises-parties, le couvre-feu les faisait durer jusqu'au jour.

Je prenais parfois pour des orgies ce qui n'était que du pelotage accentué, mais l'idée de me livrer publiquement à des étreintes, même chastes, m'était insupportable.

Il y avait, parmi les connaissances du cours, une jeune femme qui détonnait, elle aussi. Elle portait des manteaux de fourrure somptueux, des carrés d'Hermès, des sacs en crocodile ; ses jupes et ses robes venaient de grands couturiers. Elle avait ce qu'on appelle « un petit nom », ayant déjà tourné plusieurs films. Au demeurant, la fille la plus simple du monde. Je l'appellerai Claire, puisque ce n'était pas son prénom. Elle avait à mes yeux un prestige considérable, aussi fus-je tout étonné de l'intérêt qu'elle me manifestait.

Je m'imaginais que le nombre et la qualité de ses vêtements venaient de ses cachets que je supposais somptueux. Pas du tout ! On m'affranchit : elle avait un protecteur. C'était donc une femme entretenue, la première que je rencontrais en chair et en os. Jusqu'ici je n'en avais croisé qu'au cinéma, et il était rare qu'on leur donnât de beaux rôles. Elles étaient avides, arrogantes, jalouses, tout le contraire de Claire.

Je rencontrai donc le péché, mais avec des attributs de fraîcheur, de grâce, de bonne éducation, qui parlaient en sa faveur. Et « le péché » m'avait distingué, ce qui, pour moi, était une situation ambiguë mais dont je ne méprisais pas la saveur. Elle me fit découvrir le Paris du luxe, des fiacres et des modistes où je l'accompagnais sur sa demande insistante. Elle ne manquait jamais de déverser des compliments sur moi partout où nous allions, et spécialement dans les maisons de production où il fallait que je la suive.

C'est par son intermédiaire que j'allais découvrir un univers dont je n'avais pas idée. Un univers qui échappait à la détresse générale. Je pris l'habitude de l'accompagner dans des bars protégés de la rue par des rideaux épais. Elle y retrouvait amis et amies. Ou bien les y attendait. Elle avait là ses habitudes ; le barman lui apportait des porto-flips ou des gin-fizz – moi qui ne buvais que de la frênette à la maison ! C'est du bout des lèvres que j'abordai ces breuvages. Je me demandais avec terreur qui allait payer : j'avais si peu d'argent. Les gens qui nous rejoignaient en avaient beaucoup et ne le cachaient pas : plein de billets à même les poches, des billets de 5 000 qu'ils sortaient à tout propos en exhibant des paquets de cigarettes américaines. Comment faisaient-ils ? « Marché noir », me disait Claire en cherchant son briquet en or. Elle me présentait à ceux qui lui lançaient un regard interrogateur comme un ami qui lui donnait la réplique au cours. Elle disait que j'étais un très bon acteur ; la fois d'après, ils me connaissaient. Certains, pensant que j'étais son petit ami, demandaient perfidement : « Comment va X (ici le nom de son protecteur) ? – Très bien ! disait-elle. Il viendra peut-être nous rejoindre tout à l'heure. » J'en tremblais. En fait, je n'ai jamais rencontré cet homme.

Les consommations s'accumulaient, la fumée occupait tout l'espace. Quelqu'un disait : « Si on allait dîner ? » Je me raidissais.

À Claire : « Il faut que je rentre.

– Mais non ! disait-elle.

– Je n'ai pas d'argent.

– Laisse donc !

– Je n'ai pas de tickets. »

Elle éclatait de rire.

On se retrouvait attablés, serrés, dans un restaurant protégé, lui aussi, par d'épais doubles rideaux. Les gens déjà assis, ceux qui entraient, tous paraissaient se connaître. On échangeait d'une table à l'autre des propos que je ne pouvais décrypter :

– Ton rouge à lèvres ?

– Ça y est.

– Tout ?

– Qu'est-ce que tu crois !

– Bon, alors quand tu veux.

Les terrines déboulaient sur la table. Les bouteilles arrivaient, ouvertes.

Qu'est-ce que je faisais là ?

Je pense à mes moines de la Trappe. Ça me fait sourire. À bouche fermée je fredonne le *Salve Regina*.

– Tu t'ennuies ? me demande Claire.

– Pas du tout !

J'avais vite compris que les hommes aiment bien que les jeunes gens soient discrets. J'étais très discret. Je n'intervenais que s'il y avait un doute sur une date, sur un fait historique, sur un département. Si personne ne trouvait, je donnais discrètement la bonne réponse.

Ce qui me valait une mini-considération.

Deux bonnes réponses dans la soirée, je devenais une référence. On cherchait mon appui. Je n'en abusais pas.

En revanche, j'abusais de toutes les nourritures qui nous étaient proposées. Je n'en croyais pas mes yeux. Je pensais le repas fini que ça dévalait encore.

Eux, ils parlaient affaires, pognon, politique.

Le monsieur un peu fort qui est en face de moi sort une liasse de sa poche et en glisse une bonne partie dans le sac de sa voisine, qu'elle avait entrouvert sur ses genoux. Puis il reprend sa fine et son cigare, nos regards se croisent, il me sourit.

– Vous avez quel âge ?

– Je viens d'avoir dix-sept ans.

– DIX-SEPT ANS ! répète-t-il, comme si la maison lui tombait sur le crâne. Vous faites vos études ?

– Je viens de passer mon bachot.

Il prend la table à témoin.

– Vous vous rendez compte que l'ami de Claire, il a son bachot !

Et il me regarde en hochant la tête.

Quelqu'un dit :

– Allez ! On rentre.

– Oui, mais chez moi, dit le monsieur qui me fait face et qui nous enveloppe, Claire et moi, dans le même regard.

– Je vous emmène.

– Non, dit Claire. Je dois rentrer, Maman s'inquiéterait.

– Et moi, je dois prendre un train...

Claire me donne un léger coup de pied sous la table. J'ai dû faire une gaffe.

– Allez, allez..., me dit l'homme en me tirant de la banquette.

Puis on apporte les manteaux. Claire me dit :

– Mais si ! Vas-y ! Tu lui as tapé dans l'œil. Il produit des films.

– Il est producteur ?

– Non, il est aux Halles, mais il met de l'argent dans le cinéma.

C'est ainsi que je me retrouve dans sa voiture, avec sa compagne et un autre couple. Je ne suis pas monté en voiture depuis avant guerre. Je me demande si je suis dans la vie ou dans un film.

L'appartement est très grand. Toute la bande se retrouve. On débouche du champagne. Sa compagne met des disques, lumière tamisée. On trinque.

– Vous pouvez danser, nous, on va faire un petit poker. Vous ne jouez pas ?

– Non.

Je ne danse pas non plus. Le monsieur du couple qui était dans la voiture danse, serré – très serré – avec la compagne du monsieur des Halles. Ah bon !... Et deux femmes dansent tendrement enlacées. Moi, je m'y perds. La dame restée seule m'arrache du canapé.

– Je ne sais pas danser.

– Pas besoin, c'est un slow.

Et elle me prend dans ses bras. C'est vrai, on ne bouge pas beaucoup. Elle me serre contre elle à outrance. Son mari est à côté de nous, avec une autre. Moi, je n'y comprends rien. Simplement je n'ai jamais oublié le début du disque : *In my solitude*. Heureusement le disque s'arrête.

On entend le bruit des jetons dans la pièce voisine. J'ai la tête lourde. J'ai envie de partir. Je regarde ma montre, il va être deux heures. Et je ris malgré moi, je pense de nouveau à mes trappistes qui descendent à la chapelle.

– Qu'est-ce qui vous fait rire ?

– La Grande Trappe.

– Ça ne me dit rien, dit-elle d'un air boudeur.

Je ferme les yeux. Je tombe de sommeil. Elle me prend la main, puis la lâche au bout d'un moment, découragée.

Quatre heures et demie. Je me lève, engourdi. Je vais dans l'entrée retrouver mon manteau. Ça joue toujours. Je ne dis au revoir à personne. Je sors de l'appartement comme un voleur. Je fais le tour de la place de l'Étoile par les petites rues, et je me dirige vers la gare du Nord... Je marche sans bruit, en rasant les murs, on ne sait jamais. Les rues paraissent encore plus longues dans le calme de la nuit. Le ciel se colore peu à peu. Sur les murs, des affiches fraîches où les listes des fusillés s'allongent, s'allongent. Des queues se forment devant les magasins d'alimentation encore barricadés.

Je descends du train à 6 h 30. Il fait jour.

Ma mère est debout. Elle a déjà nourri le cochon que nous élevons dans l'ancien poulailler, déjà disposé les tasses pour le déjeuner des petits, et s'en va faire des prises de sang en ville. Elle reviendra ouvrir la pharmacie vers 9 heures. Moi je dormirai d'un sommeil tourmenté. Elle ne m'a fait aucun reproche, ne m'a pas posé de questions, mais je n'ai pas bonne conscience.

Les Alliés venaient de débarquer. Le sort des armes était encore en balance que déjà les Parisiens étaient à la fête. Car il ne faisait aucun doute dans les cœurs que les Allemands allaient perdre cette bataille. Les bombardements se multipliaient sur et autour de la ville, mais les cafés débordaient sur les trottoirs. On restait tard dans les rues le soir : les occupants avaient reculé le couvre-feu à 2 heures du matin. La Presse affichait : *Encore mille Français « libérés » à Rouen.* Cela voulait dire qu'ils étaient morts sous les bombes. Trop d'hommes souffraient et mouraient pour que je puisse être entièrement à l'allégresse.

Je passais parfois rue du Cherche-Midi. Pas plus que je n'arrivais à m'imaginer les morts que je savais être au cimetière, je n'arrivais à m'imaginer les prisonniers si près de moi, libre, qui allais nager, me rhabiller, me peigner, et continuer ma vie. Je trouvais que la vie ne respectait pas assez la mort. J'aurais voulu que pour la mort de tout homme il y eût une espèce de minute de silence de la vie. Mais la vie, tant qu'elle existe, poursuit obstinément sa besogne, et j'avais du mal à l'admettre. J'avais éprouvé cette indignation deux ans plus tôt quand, un dimanche, en début d'après-midi, des bombes étaient tombées autour du moulin de Longchamp en début de réunion laissant quelques morts dans la verdure. Eh bien, tout avait repris son cours très vite. Les parieurs pariaient, les jockeys montaient, les chevaux couraient et les brailleurs braillaient à l'arrivée de chaque épreuve pendant que les pompiers rassemblaient des morts encore tièdes.

Les Allemands décrochaient en Normandie. Les bombardements s'accroissaient encore. Des garçons qu'on saluait le matin sur le quai de la gare, on ne les reverrait jamais : l'un mort à Épinay, l'autre au pont d'Argenteuil. Pourquoi s'obstiner à aller à Paris ? Je me cantonnais dans ma chambre. Ma mère pourvoyait à tout. Raymond, la tête enfoncée dans le poste de radio, la main sur le bouton des fréquences, essayait de combattre le brouillage de Radio-Londres comme il l'avait fait tout au long de l'occupation. Il exécrait les Allemands, leur tenait des propos provocateurs qu'ils ignoraient ou ne comprenaient pas.

Il en fut autrement quand une escouade de la Milice vint camper au château de Vaucelles. Un matin qu'il était allé chercher l'eau si fraîche de la fontaine, en face de la pharmacie, Raymond ne leur cacha pas le dégoût qu'ils lui inspiraient. Ils s'emparèrent de lui violemment et le traînèrent jusqu'au château. Quand ma mère revint de ses prises de sang, les voisins, qui avaient assisté à la chose, l'informèrent. Ni une, ni deux ! Elle monta la côte de la Tuyolle jusqu'au château. L'heure qui suivit me parut horriblement longue. Puis je les aperçus, Raymond et elle, en haut de la côte. Ils se tenaient au milieu de la route, bras dessus bras dessous, descendant vers nous, fiers comme jamais, éblouissants de bonheur. Ma mère rayonnait littéralement. Elle nous raconta comment elle avait réussi à arracher son mari des griffes de la Milice, et ce grâce à un officier allemand qui parlait français. Elle demanda à Raymond de ne plus se livrer à ses provocations. « Ce sont des salauds ! répétait-il. Des salauds ! »

Je m'inscrivis au club de tennis de Vaucelles. Là se nouaient des idylles avec des jeunes filles en socquettes et jupe plissée blanche. La femme d'un prisonnier nous apprenait quelques pas de danse. Je gagnais de petites sommes au bridge. Souvent les sirènes annonçaient des passages d'avions. Peu après, on voyait, plus ou moins haut suivant leur direction, de lourdes escadrilles de bombardiers. Les pièces antiaériennes entraient en jeu. On voyait leurs obus éclater dans le bleu du ciel. Parfois les avions lâchaient leur cargaison de bombes : de jolies petites pièces métalliques qui scintillaient gentiment dans le ciel et descendaient porter la mort à des gens encore vivants. Parfois un avion était touché. L'agonie était plus ou moins longue ; certains, ralentis, suivis d'un sillage de fumée, tentaient en vain de rejoindre le groupe qui s'éloignait. Parfois l'appareil se brisait puis plongeait de plus en plus vite vers le sol, parfois encore fleurissaient quelques parachutes, plus rarement on distinguait une torche qui descendait sans s'ouvrir. Puis, quand tout était accompli, les joueurs s'interrogeaient du regard : « 15-30 ?... 15-40 ?... », puis la partie reprenait. La vie exigeait sa part.

Moi, j'essayais de penser à ces garçons venus du Wisconsin ou d'Alabama, et qui allaient finir leurs jours entre Beauchamp et Taverny, après avoir tué des gens à Saint-Prix ou Montlignon. Habitué, par éducation et par tempérament, à chercher de la cohérence en toute chose, je souffrais de l'absurdité du monde. J'essayais de rassembler mes morceaux d'expérience pour donner un sens à tout ça. Je n'osais plus lever les yeux vers le ciel de peur d'y voir passer la mort. Et interroger le Créateur sur cette confusion était presque le mettre en cause.

Les camions passaient, de plus en plus nombreux. Les soldats s'y tenaient debout, le fusil à la main, prêts à tirer sur les façades ou les passants. Je cessai d'aller au tennis. Chacun restait chez soi. Voisin du boulanger, je passais par-dessus les murs pour apporter le pain aux plus proches voisins.

Il fut donné l'ordre de ne plus fermer les portes des maisons pour que les soldats puissent y rentrer à leur gré. Aussi longtemps que les camions roulaient nous éprouvions du soulagement à les voir passer, l'inquiétude commençait s'ils s'arrêtaient.

Un camion justement s'arrête devant la pharmacie fermée. Des soldats entrent par la porte du couloir. C'est après la pharmacie qu'ils en ont, ils veulent des médicaments. Ils emportent différentes choses. Raymond les suit, furieux, en les traitant de « voleurs d'aspirine ». Ma mère essaie de le calmer. Elle tient dans ses bras ma plus jeune petite sœur qui a juste un an. Dans vingt ans de là, elle épousera un jeune Berlinois du même âge qu'elle. Ainsi va la vie.

Moi, je suis dans ma chambre, au second étage. Un soldat entre dans la pièce, farfouille. Moi je suis sur mon lit, je lis *La Mousson*. Il avise mes gants de boxe, m'en envoie une paire comme s'il voulait qu'on fasse un assaut, mais ce n'était pas sérieux. Je lui dis : « *Krank* » (qui veut dire « malade »). Je poursuis ma lecture et, soudain, je l'entends pousser un cri, un hurlement : « *Terroristen* » ! En soulevant le coussin de ma bergère il a trouvé mon calot de collégien avec des étoiles. Il sort son arme, tout en continuant à hurler : « *Terroristen ! Terroristen !* » Je me suis mis debout, le canon du revolver est à hauteur de mon visage. Juste un trou noir : je pense que ma vie est finie. Je suis paralysé. Je me vois monter la côte de la Tuyolle pour être fusillé. Ce qui est absurde : il peut aussi bien m'abattre sur place.

Bruit de bottes dans l'escalier. Un autre soldat apparaît, l'arme à la main. Le premier, véhément, lui montre le calot et cherche à le convaincre qu'il est en présence d'un terroriste. Et puis mon esprit se remet en marche : je dis « *Schule* » (« école »), et je montre avec fièvre mon mouchoir, ma chemise, mon chandail, mes chaussettes, des cahiers, tous portent mon matricule, 436 ; s'il veut regarder à l'intérieur du calot, il verra le même matricule. J'explique que les étoiles (« *Stern* ») sont des années (« *Jahre* »), que huit étoiles c'est trop pour l'armée. Tout est en balance. Je les regarde. Ils me regardent. Comme c'est long, mon Dieu ! Le second qui est monté s'attendait peut-être à trouver quelque chose de plus convaincant. S'il fait un geste de la tête vers la porte, c'est fini, rien ne pourra arrêter l'avalanche. Mais il baisse la tête pour remettre son arme dans l'étui.

L'homme au calot dit quelques mots pour le convaincre, mais l'autre lui tourne le dos et redescend. Ça veut dire : « Fais-le, mais tout seul. » Il me regarde, furieux, me jette mon calot au visage, et s'éloigne, son arme à la main. Il descend l'escalier.

La vie m'est rendue. Je fais le signe de croix.

Frédérique

REGISTER

... et résister, c'est sans douter combattre, mais c'est aussi faire plus : c'est se refuser d'avance à accepter la loi de la défaite. Voilà l'exemple que nos Cévennes donnent à l'homme. Elles lui disent, par toute leur structure, par toute leur histoire, par toute leur humanité, que résister, c'est d'abord ne pas s'arrêter à la persécution, ni à la calomnie, ni à l'injure, puis, s'il le faut, que c'est combattre, et puis, vainqueurs ou vaincus, que c'est résister quand même, c'est-à-dire rester semblable à ce que l'on est jusque dans la défaite, et jusque dans les fers.

Mon père avait prononcé ces paroles au Désert, sous les châtaigniers, en septembre 1935. Et voilà que la défaite de 40 en avait fait des paroles prophétiques.

Nous étions dans les fers.

J'ai déjà raconté ma traversée de l'occupation dans *La Chambre de Goethe**. J'ai déjà dit comment mes certitudes d'enfant protégée firent place au désespoir, et comment ce désespoir fut lui-même source d'espérance.

* *Flammarion* et *J'ai lu.*

REGISTER

Le mot qu'une main de femme* traça dans la pierre dure de la tour de Constance, aux temps des persécutions.

L'heure était venue de se souvenir.

Alors commença pour les miens la traversée de la douleur comme celle d'une épaisse forêt, et je découvris, dans les demeures seigneuriales et désolées où m'entraînèrent mes parents, à la suite du Louvre en cavale, comme au cours de nos escales cévenoles, je découvris ce qui devait illuminer ma vie entière : un œcuménisme absolu dont la religion n'était que la servante.

Le retour du cousin de droite en fut la première manifestation.

Il débarqua un jour à Montauban, où nous campions avec la Joconde. Il était venu pour parler à mon père d'une ferme perdue, introuvable, tapie à la lisière d'une hêtraie, sur le Lozère.

– ... J'ai pensé qu'un jour tu aurais peut-être besoin de te cacher. Toi... ou tes amis.

Et il ajouta gravement :

– Tous tes amis.

☆

Ils s'étaient mis d'accord sur un mot de passe : « Je viens de la part de Monsieur des Bressous. »

Les Bressous. Les Berceaux. C'est le nom de notre maison des Cévennes. Elle est isolée, difficile d'accès. Elle ne se cache pas, elle domine un val aimé des loups, mais on la voit de loin, debout sur son roc de

* Marie Durand.

granit. La ferme du mont Lozère, elle, était vraiment introuvable. Invisible aux mortels qui n'avaient pas le mot de passe. Pour s'y rendre on devait d'abord s'arrêter près de Barre-des-Cévennes, dans une première ferme. Là, on disait : « Je viens de la part de Monsieur des Bressous », et, à la nuit, on vous prenait la main et on vous menait par les drailles, les bois et les hautes terres, jusqu'à la ferme du salut.

– On a vu de tout, ici, disaient les fermiers, après la guerre. Des Israélites avec des petitous, peuchère, des communistes, des Polonais, des Espagnols, des parachutistes ! Ça parlait toutes les langues ! On comprenait pas, mais on se comprenait. Et, Dieu voulant, personne n'a jamais eu faim, malgré la misère. Oui, on a vu de tout ! Même un curé et un nègre !

Longtemps je me suis demandé comment, dans la ferme que je ne puis plus rejoindre que par les chemins de la mémoire, la ferme où se croisèrent les confessions et les races, comment jamais personne ne tenta de convertir son prochain.

Un vers de René Char évoquant les maquis du Ventoux me donna la réponse après la guerre :

Nous nous sommes épousés, une fois pour toutes devant l'essentiel.

☆

Cet essentiel fit que la geste maquisarde vint se placer, en Cévennes, comme un calque parfait sur la geste camisarde. Même complicité du petit peuple et de la nature. Mêmes secrets, mêmes silences, mêmes lieux proches des nuées, mêmes grottes et ravins échappant aux regards... Mais, parfois, dans la cachette du pasteur se glissait un curé pourchassé par la milice ou la gestapo.

– Un bon curé, disait mémé, étonnée par l'alliance de ces deux mots, mais nullement étonnée par l'attitude des descendants des martyrs pour la foi.

Pouvait-il en être autrement ?

Tout était simple. Comme pour les fermiers qui risquèrent leur vie tout au long des années noires sans attendre de médailles, de rubans, ou d'éloges.

Ils étaient seulement restés semblables à ce qu'ils étaient. Jusque dans la défaite. Ils avaient eu la chance d'obéir à l'Éternel qui disait : *Souvenez-vous que vous fûtes étrangers au Royaume d'Égypte !* à Jésus qui disait : *Quiconque reçoit en mon nom un petit enfant me reçoit moi-même*, et ils avaient pu tendre la main au peuple d'Israël qui est présent à chaque page de la Bible, elle-même présente à chaque instant de notre vie.

Ils remerciaient Dieu de leur avoir accordé cette grâce.

☆

Les sœurs Schmidt étaient deux grandes filles, timides et silencieuses.

Je pense à elles qui furent courageuses, héroïques, et je les revois avec précision en sachant que ce n'est pas ainsi que je les ai vues quand elles sont entrées pour la première fois, en ce soir de février 1941, dans la chambre de Goethe. Je les revois, pâles, tragiques, le geste lent, vêtues de longues robes noires, leur cou mince enserré dans une fraise bouillonnée comme dans le Dies Irae *de Carl Dreyer.*

Bien sûr elles n'étaient pas déguisées comme ça, et je n'essaierai pas de vous le faire croire.

Elles étaient toutes simples, vêtues de cette modestie qui rend invisible *.

Une bénédiction, en ces temps troublés !

L'une était médecin.

L'autre était pasteur.

Enfin, elle allait le devenir. Élisabeth Schmidt fut, en France, une des premières femmes à monter dans la chaire de la Réforme.

– Il était temps ! grondait Mémé.

Dès le XIXe siècle, il y avait eu des femmes pasteurs aux États-Unis. Depuis les années vingt, on en avait vu en Allemagne et en Suisse allémanique. La France était en retard.

Soutenue par le pasteur Boegner, Élisabeth Schmidt avait fait ses études de théologie avant la guerre. Elle s'attendait à être consacrée, malgré de fortes réticences chez certaines personnalités protestantes, quand le début des hostilités fit remettre l'événement à plus tard. Il fallut attendre 1949 pour qu'elle obtienne enfin la reconnaissance en droit de son ministère.

Jésus avait été plus rapide avec les femmes. N'oublions jamais que ce fut à elles, les premières, qu'il choisit de révéler sa Résurrection.

Sans doute se souvenait-il de leur présence au pied de la croix. Un seul de ses disciples, Jean, le bien-aimé, était resté auprès de Sa mère. Mais les femmes, elles, étaient toutes là.

Cher pasteur Schmidt... je la revois, assise auprès du poêle de notre chambre de Goethe montalbanaise, parlant à mi-voix avec mon père, avec de mystérieux inconnus, avec le cousin de droite, avec celui qui croyait au ciel, avec celui qui n'y croyait pas...

* *La Chambre de Goethe*, Flammarion et J'ai lu.

Leurs murmures tissaient la Résistance. On me disait : « Tais-toi ! Ne dis rien... »

Je me taisais. J'apprenais le silence, la prudence.

L'époque n'était pas seulement celle des bons curés, des protestants héroïques et des juifs sauvés. Moi qui aurais aimé être Esther, Marie, Agar ou Madeleine avec sa belle chevelure, moi qui aurais aimé être de la postérité de David pour plaire à l'Éternel, voilà que je tremblais pour la vie de mes chers petits amis.

Être juif... comme Abraham. Comme Moïse. Comme Ésaïe...

Comme Jésus.

– Bientôt on n'aura plus le droit de lire la Bible !

Mémé s'emportait.

La métamorphose de la République en État français la révoltait, lui déchirait le cœur jour après jour. Et pourtant, jour après jour, dans la France occupée, la vie continuait. J'allais au lycée ; j'étais nulle en maths. Mademoiselle Soulié, la formidable directrice du lycée de jeunes filles de Montauban, s'en alarma et me fit donner des cours. Des cours vraiment particuliers. Ils avaient lieu dans son propre bureau, et le professeur qui me les donnait, Monsieur Oppenheimer, s'y rendait en rasant les murs. Avec lui les chiffres devenaient poésie. J'arrivais même à comprendre que deux et deux font quatre !

Un jour il ne vint pas. Il avait été arrêté. Je le pleurai pendant des années. Et puis, longtemps après la guerre, j'appris qu'il avait été sauvé. Hélas, il n'en fut pas de même pour la cantatrice et le monsieur de Vienne qui furent arrêtés la veille du jour où ils devaient partir pour la ferme sur le Lozère.

– Tais-toi, ne dis rien...

Maman me serrait contre elle en essuyant mes larmes.

Je me taisais. On m'apprenait à me méfier.

On m'apprenait aussi à aimer.

☆

Mémé mourut sur notre roc cévenol le jour du débarquement des Alliés en Afrique du Nord.

Elle s'est assise sur une marche de la terrasse, elle a levé les yeux vers les montagnes, et elle est morte, heureuse de s'en aller en devinant la proche libération de la France.

Je trouvai la maison vide en rentrant du lycée. Mes parents étaient partis précipitamment pour les Bressous. Le Travail, le Mérite et le Devoir exigeaient que je reste, Mémé n'aurait pas aimé que je manque un cours à cause d'elle.

C'était mon premier deuil conscient.

Je me sentis seule...

Plus personne, dans la famille, ne chanterait maintenant : *Que Dieu se montre seulement.* Alors je fis une prière.

C'était ma première vraie prière.

Je pris la Bible et cherchai, à travers mes larmes, un passage qui aurait plu à Mémé.

Mes petits-enfants... mes bien-aimés... je suis le rejeton et la postérité de David, l'étoile brillante du matin..., et puis je trouvai une chose qu'elle m'avait dite un jour où elle était triste parce qu'elle pensait à mon grand-père : *Dieu essuiera toute larme de leurs yeux, et la mort ne sera plus.*

J'éclatai en sanglots.

Je ne l'avais pas encore remarqué – je ne devais le faire que des années et des années plus tard –, Mémé m'avait si fortement marquée de sa Foi, qu'aujourd'hui encore, quand j'entends la voix de l'Éternel, c'est une voix de femme que j'entends.

La voix de Mémé.

☆

Je ne dansais plus. J'avais perdu mes chaussons en perdant la guerre. Mais Mémé pouvait être tranquille, j'avais gardé la morale. Je faisais mes devoirs, j'apprenais mes leçons, sous l'auguste regard des chefs-d'œuvre sur lesquels veillaient mes parents.

Sans cadre, nus, fragiles, émouvants, rangés comme des livres dans une bibliothèque de géant, les tableaux faisaient partie de notre vie. De notre famille. On les bougeait doucement, pour les faire respirer, comme des bouteilles de champagne que l'on tourne, sous des voûtes, selon des rites ancestraux.

Je devenais une jeune fille au milieu de cènes monumentales, de nativités radieuses voisinant avec le sang et les larmes d'une descente de croix où je vérifiais la présence des Saintes Femmes, présence si attendue qu'elle en devenait invisible.

Un jour, je demandai à Maman :

– Pour toi, quel est le plus beau tableau du monde ?

– La *Pietà* d'Avignon, répondit-elle sans hésiter. Tout y est.

Je restai pensive devant *L'Indifférent*.

Tout y est... Que voulait-elle dire ?

Parfois la nudité d'une nymphe se glissait entre la décollation d'un saint et le sacre d'un empereur. Un papillon s'envolait d'une fleur..., comme dans ma petite enfance l'Imaginaire de Merveille se mêlait à l'Imaginaire de Vérité.

La Mythologie, la Fable, l'Histoire et la Bible nous parlaient de nous, les Hommes. Mon père citait Mistral, évoquait le Temps qui détruit, et la Durée qui est éternelle. Je savais qu'il était prêt à mourir, comme ma mère, comme tous ceux qui les entouraient, pour sauver ce qui leur avait été confié.

Les bénédictines de Sainte-Scholastique, les moines du monastère d'En-Calcat avaient recueilli les trésors des musées de Narbonne et de Carcassonne. Papa s'y rendit pour une inspection. Malgré la règle et la clôture, les bénédictines reçurent « l'hérétique » avec grâce et, pendant le repas qu'il partagea avec les moines, il fut bouleversé par le texte choisi par le père abbé :

Alors César le fit venir devant lui et lui dit : « Livre-moi ce qu'on t'a confié, ou je te fais mettre à mort. » Et il répondit à César : « Tu peux me faire mettre à mort, mais jamais je ne te livrerai ce qui a été confié à ma garde. »

Avril 1943.

Le Louvre était en danger à Montauban.

Il fallut s'en aller et répartir tableaux et sculptures dans des châteaux moins accessibles, sur les rives de la Dordogne.

C'est là que Marcelle, l'aînée des enfants Kayser, vint nous rejoindre sous un faux nom. Elle avait dix-sept ans. Officiellement elle entrait chez mes parents comme lingère. Nous n'avions pas de linge. Mais, à la guerre comme à la guerre, on ne va pas s'arrêter à ce genre de détail !

Maman sortit la croix huguenote que son grand-père, Frédéric Hébrard, avait toujours portée, accrochée à sa chaîne de montre, et demanda à Marcelle de ne jamais la quitter. Puis, à ma grande stupéfaction, elle entonna : *C'est un rempart que notre Dieu !*

C'était la première fois que je l'entendais chanter un cantique. Je n'imaginais pas qu'elle en savait autant ! *Que Dieu se montre...* bien sûr, et puis *Comme un cerf altéré brame...*, et puis *Une nacelle en silence...*

Mémé aurait été heureuse de l'entendre, et de nous entendre chanter avec elle. Mais tous ces cantiques, la croix huguenote, la Bible qu'elle avait posée sur la table de nuit de Marcelle, n'étaient pas le signe d'un retour à la foi de ses pères. Libre-penseur, Maman ne songeait qu'à protéger la fille de sa meilleure amie. Elle ne lui donnait pas une religion, mais une armure.

– Tu as l'air plus protestante que nous ! lui disait-elle avec ravissement.

Et c'était vrai. Devenue Marcelle Monnier, la fille de Jacques Kayser avait pris l'allure huguenote, avec sa croix et ses cantiques.

– Il faut que tu en saches plus que si tu étais allée à l'École du dimanche toute ton enfance ! expliquait Maman. Tiens, regarde : ta croix, elle n'a pas de colombe pour figurer le Saint-Esprit mais une larme... Sais-tu ce que c'est que cette larme ?

Les uns prétendaient que c'était une larme du Christ, d'autres que c'était la larme des martyrs pendant les dragonnades, et certains assuraient que c'était l'ampoule du sacre, celle destinée à « l'oint du Seigneur ». Maman trouvait cette interprétation un peu royaliste, mais reconnaissait qu'elle n'était pas sans fondement à cause des quatre fleurs de lys qui venaient s'épanouir entre les bras de la croix.

– Plus tu en sauras..., disait-elle.

J'apportai ma petite pierre en me souvenant d'une galéjade parpaillote :

La petite des Finiels se marie !
Ah ?
Et elle se marie BIEN !
Oh !
Elle épouse un beau garçon !
Té !
Qui a des espérances !
Bon !
C'est un catholique !
DIABLE !

Là, chez Mémé, tout le monde éclatait de rire, même la cousine Juliette.

Nous aussi on riait.

Pour ne pas être en reste, Papa raconta à Marcelle l'histoire du pasteur distrait qui lit la Bible :

L'Éternel lui donna une femme..., tourne deux pages à la fois, et enchaîne : *... et il l'enduisit de bitume à l'intérieur et à l'extérieur...*

On riait.

Mais comme on avait peur pour la petite lingère à la croix d'or ! Tout était prêt, au cas où les choses auraient mal tourné : les relais, les personnes. Tout était prêt pour la conduire jusqu'à Barre-des-Cévennes, là où elle dirait : « Je viens de la part de Monsieur des Bressous. »

Heureusement, quand Marcelle nous quitta, ce fut pour retrouver ses parents et son nom dans une France délivrée.

La guerre n'était pas finie pour autant. Ce que nous découvrions dans les camps d'extermination, ce n'était plus le combat, la violence, l'assaut. C'était la science, la patience, le péché.

Le Mal.

Satan, Belzébuth, Lucifer...

Ces noms étaient trop chargés de poésie pour que je les pose sur cette horreur.

Je pleurais avec les grandes personnes, avec les soldats, avec le Major Worms, entré le premier au Struthof. Je pleurais les morts que nous connaissions, et tous les autres, les pauvres autres, partis en fumée.

Pourquoi ?

Je n'en ai pas voulu à Dieu. Peut-être ne pensais-je pas suffisamment à Lui ? Ce qui est une façon de Lui en vouloir. Peut-être avais-je oublié Son nom ?

Je pensais à ces chambres où le gaz se répandait, à ces femmes serrant dans leurs bras leurs petits, nus comme à la naissance. Elles les tenaient au-dessus de la mort le plus longtemps possible. On a trouvé sur les murs des traces de petites mains.

Comment accepter l'inacceptable ?

En essayant de vivre, de trouver sa place dans un monde qui ne serait jamais plus celui d'avant. Ni dans les infinis cimetières de nos plages, ni dans les ruines d'Hiroshima, ni là où s'était élevé le ghetto de Varsovie.

Malraux, Chamson et la Brigade Alsace-Lorraine portèrent la victoire jusqu'à Berchtesgaden.

Une sorte de pèlerinage à l'envers.

Puis mon père revint à Versailles.

Nous n'y restâmes pas longtemps. À peine retrouvé, le château devait être quitté pour Paris où nous attendait un lieu surréaliste et aérien. Le Petit Palais.

Au dernier étage, notre appartement ouvrait sur la cime des marronniers des Champs-Élysées comme sur une pelouse.

Parfois une odeur fauve annonçait la visite de grands chats sauvages. Venus du ciel, ils atterrissaient sur le balcon et disparaissaient magiquement, sans qu'on puisse les approcher.

La France avait toujours froid, toujours faim, mais elle n'avait plus peur.

On allait pouvoir cueillir les fruits de l'Espérance.

☆

J'écrivais déjà, sans en prendre conscience, comme on respire.

Mais ce que je voulais c'était devenir comédienne. J'avais besoin de me définir hors des chemins que ma famille traçait pour moi depuis ma venue au monde. Je voulais être le pionnier de mon existence. Non, je n'entrerais pas aux Chartes. Non, je n'entrerais pas dans les Musées. Je serais comédienne.

Mes parents firent tout pour m'en dissuader. Inutilement. J'avais dix-sept ans, beaucoup de force, et j'avais perdu mes chaussons en 40. La défaite m'avait interdit d'être danseuse, la victoire ne m'empêcherait pas d'être comédienne.

Et, un jour, j'entrai au Conservatoire.

Je fus heureuse comme quand on se prépare pour se rendre à un rendez-vous d'amour.

Il était bien question d'amour, mais je ne le savais pas encore.

J'avais rendez-vous avec le garçon qui est sur la photo avec moi, en couverture de ce livre.

La rencontre

Louis

« On a beaucoup de chance de vous avoir, Monsieur Jouvet ! »

Il n'était pas facile de désarçonner Louis Jouvet mais la phrase était dite avec tant de conviction, de reconnaissance et d'audace, d'une voix si fraîche, qu'on vit le maître rester sonné un instant, comme s'il avait reçu une droite au menton, s'empourprer puis, embarrassé, dire : « Merci. »

Quand les rires que cet effet avait provoqués s'apaisèrent, je demandai à mes voisins : « Qui a dit ça ? » Ils me répondirent : « C'est Frédérique Hébrard. Elle est chez Dussane. C'est la fille d'André Chamson. »

Ce jour-là, je ne pus voir la physionomie de Frédérique Hébrard. Nous étions tous au même niveau, sur des chaises placées sans ordre ; elle était au premier rang, moi au dernier. C'était le cours inaugural de Louis Jouvet qui prit le nom de classe d'ensemble puisqu'il réunissait les six classes du Conservatoire d'art dramatique.

Le cours reprit. Je me répétais la phrase de la fille d'André Chamson sans me douter que je ne l'oublierais jamais.

Je venais d'entrer au Conservatoire, dans la classe de René Simon. J'avais terminé deux mois plus tôt mon service militaire, et je m'étais inscrit pour le concours d'entrée, sans enthousiasme débordant : en principe le Conservatoire menait à la Comédie-Française et là n'étaient pas mes ambitions. Le métier m'avait accepté très vite. J'avais joué sur les Boulevards et je n'avais pas vingt ans pour ma première création : *La Sainte Famille* d'André Roussin, au Théâtre Saint-Georges. J'étais un polytechnicien demeuré, j'avais fait un enfant à une « négresse », comme on disait à l'époque. C'était un rôle en or. Mes aînés dans la troupe furent pleins d'attention pour le débutant. Ils parlèrent de moi. On me fit des propositions pour d'autres théâtres. Mais c'était l'heure du service militaire. Mes protecteurs me firent comprendre que c'était un jeu d'enfant d'obtenir un sursis, ou même de me faire affecter à Paris. Mais pour moi, victime de mes principes, il s'agissait d'un devoir national, et il n'était pas question de s'y dérober. Et, victime cette fois de mon insolence au recrutement, je fus affecté dans un régiment marocain semi-disciplinaire à Lure, Haute-Saône.

L'hiver fut atroce. Froid et faim. Mais c'est à Lure que je devais rencontrer mon meilleur ami, jeune dentiste de la ville. Cher Claude et chère Irène, auprès de qui je trouvais du réconfort. Je ne puis écrire vos noms sans chagrin. Nos couples ont été amis aussi longtemps qu'il plut à Dieu de vous garder en vie.

Dieu, parlons-en.

Je n'étais plus tout à fait l'innocent qui avait débarqué deux ans plus tôt dans le métier. Mais je gardais une pratique chrétienne dominicale. J'allais suivre la messe dans cette petite chapelle attenant à l'école où j'avais appris à lire. Et parfois la Sœur Germaine, qui m'avait connu bambin, me demandait de servir la messe quand il n'y avait personne pour le faire ou que les hommes se dérobaient.

Lorsque je me retrouvais en famille, je participais à la prière du soir toujours en usage. Et puis je priais en solitaire, demandant, entre autres, à Dieu que les petites amies ne tombent pas enceintes. Je faisais rire sans effort, et je ne savais pas à quel point le rire était un accélérateur de séduction.

J'avais une chambre à Paris, mais je me trouvais pratiquement sans ressources. Les cours du Conservatoire ne nous occupaient que le matin et, pour payer mon repas du soir, j'allais jouer au bridge presque chaque après-midi aux Grands Magasins du Printemps. Nous jouions dans une rotonde du sixième étage. Mes partenaires étaient des personnes âgées ou très âgées, ce qui me procurait un avantage incontestable. Quelques semaines à peine après mon entrée au Conservatoire je dus reprendre l'uniforme militaire, cette fois en raison des grèves de fin 47 qui mirent en péril la République.

Trois mois plus tard, libéré par anticipation comme aîné de famille nombreuse, je retrouvai mes cours et, presque chaque jour, mes séances au Printemps

Un après-midi que j'allais au Conservatoire je vis dans l'entrée le tableau de service que regardait une jeune personne. Je m'approchai pour découvrir que j'étais mobilisé dans un exercice d'élèves, ce qui ne m'arrangeait pas du tout : adieu mes ressources du Printemps. Il s'agissait du *Légataire universel* que nous devions commencer à répéter l'après-midi même. Je lus la distribution à haute voix. *Éraste* : Louis Velle. *Isabelle* : Frédérique Hébrard.

– Qui c'est ce mouflet-là ? dis-je entre mes dents.
– C'est moi ! dit fièrement la jeune fille qui lisait à mes côtés.
Je venais de rencontrer Frédérique Hébrard.
Elle me regardait avec une intrépidité provocatrice, le menton levé, prête à répondre à une nouvelle impertinence.
– Ah, c'est vous ! dis-je en repensant tout à coup à la classe Jouvet.
– Oui, c'est moi !
Toujours sur un ton de défi.
– Eh bien, allons-y !
Et l'on monta à la salle de répétition où se trouvaient déjà d'autres camarades. On commença la mise en place, crayon en main. Je la regardais évoluer, elle avait beaucoup de grâce. Je remarquai ses jolies jambes. Elle posait des questions au metteur en scène avec une voix douce, claire, mais très précise. Elle écoutait la réponse avec attention. On la sentait très concentrée. Le sérieux lui allait bien, mais je flairais à d'imperceptibles réactions qu'au-delà de cette apparence rangée, il pourrait bien y avoir un univers de passion. Souvent le maintien chez une femme fait place, l'heure venue, à un déchaînement qui donne aux relations une saveur inégalée. C'est dire à quel point je l'observais. Si nos regards se croisaient elle ne dédaignait pas de me sourire. Et moi, donc ! En sorte que, la répétition terminée, mû par une espèce de bonne humeur intérieure, je déclarai que j'allais faire un peu de poids et haltères et, la saisissant d'une manière tout à fait innocente, je la soulevai et fis quelques pas autour de la scène en la portant dans mes bras. Elle se débattait en criant :
– Lâchez-moi ! Je vous en prie, lâchez-moi !
Je la posai à terre et elle me donna pas vraiment

une gifle, plutôt un soufflet : nous étions dans le classique. Je la regardai. Et je sentis que, dans son geste, il y avait aussi une part de coquetterie. C'était un jeu dans lequel je n'entrais jamais.

– Je ne la méritais pas. Soyez sûre que je vous la rendrai. Je suis un homme de parole.

Et c'est vrai que son amie Arlette prophétisa :

– Ça finira par un mariage !

– Sûrement pas ! déclara Frédérique Hébrard.

Je ne dis rien.

Et les répétitions se passèrent fort bien, sans qu'il ne fût plus jamais question de l'incident. Après la représentation chacun retrouva sa classe, et lorsque nous nous croisions dans les couloirs, toujours avec plaisir, nous affections devant les autres une attitude de complicité qui dépassait de beaucoup les rapports que nous avions eus.

L'année se terminait par les concours du Conservatoire qui étaient, à l'époque, un événement de la vie parisienne, et s'ouvrait en octobre par les concours d'entrée.

Le 9 octobre, peu avant 15 heures, je tourne le coin de la rue du Conservatoire, et je vois devant la grille, parmi d'autres, un petit groupe qui entourait Frédérique Hébrard. Elle le tenait en haleine, racontant je ne sais quoi. Elle raconte fort bien. En m'approchant je vis ses yeux brillants, son visage illuminé, et je jugeai que ce serait le moment idéal pour lui rendre la gifle du printemps.

Je choisis un instant où elle reprenait son souffle pour allonger le bras et lui appliquer le soufflet promis. Stupeur de l'auditoire devant mon geste, et, seconde stupeur, elle souriait, tandis que je lui rappelais, souriant moi aussi, que je tenais mes promesses.

De cet instant, si je puis dire, nous ne nous sommes

plus quittés. Nous avons commencé le cycle des longues promenades qui nous amenaient le plus souvent à traverser le boulevard Bonne-Nouvelle et à nous enfoncer dans le réseau de ces rues incertaines qui descendent plus ou moins vite vers les Halles.

Les habitudes se forment insensiblement, comme celle de nous arrêter dans un café à l'angle de deux rues en pentes qui traversaient ce qui fut autrefois la cour des Miracles. Maison Ibert. Nous nous asseyions et nous parlions. Et chaque jour plus longtemps. Nous faisions connaissance. Nous échangions nos amours ; je veux dire qu'elle me parlait de *Guerre et Paix*, moi de *Madame Bovary*, elle de *La Cousine Bette*, moi d'Agatha Christie.

Nous savions des vers. Pas les mêmes. Nous les murmurions à tour de rôle, enchantés, devant nos thés qui refroidissaient. Les échanges se prolongeaient jusqu'à l'heure où elle devait regagner son Petit-Palais et moi la rue de Turenne.

Quel que soit l'appétit que j'avais pour elle, je n'avais pas envie d'une petite amie de plus. Souvent je m'étais vu contraint de passer à l'acte parce que les échanges étaient maigres. Là, ils semblaient inépuisables. Quant aux sentiments, je les contournais. Les sentiments, les aveux représentaient un engagement. C'était sérieux. Qu'étais-je d'autre qu'un élève du Conservatoire ? Quelle proposition d'avenir pouvais-je lui faire ? Et qui m'assurait que les sentiments étaient partagés ? Un aveu précipité risquait le désastre, pouvait tout au moins compromettre la qualité d'une relation qui m'enchantait. Et pourtant, un soir, à l'instant de se séparer, de mon pouce j'écrivis dans son dos : « Je vous aime. » Elle se retourna et me dit : « Moi aussi. »

Je ne vais pas vous décrire le détail de nos relations. Que chacun se réfère à ses souvenirs, ou à ce qu'il vit en ce moment. Simplement un jour, le même jour, nous nous sommes avoué que nous écrivions. Chacun avait apporté à l'autre quelques pages qu'il désirait lui faire lire. Cette révélation nous rapprochait encore, rendant plus difficiles à supporter les heures où nous étions séparés. Ne pas vivre ensemble les années à venir devenait une pensée intolérable. Nos sentiments, nos appétits, nos curiosités, se répondaient. Il fallait les mettre en commun. Toutes ces pensées concordantes ne trouvaient d'issue que dans le mariage. Le grand mot était lâché. Le choix était fait.

Nous ferions notre vie ensemble.

☆

Frédérique

D'un joug cruel il sauva nos aïeux,
Les nourrit au désert d'un pain délicieux...
Vous voulez que ce Dieu vous comble de bienfaits
Et ne l'aimer jamais !

Me voici dans son temple adorant l'Éternel. Je vis la Bible, empaquetée dans les voiles gris qui sont l'uniforme des chœurs d'Athalie, et je respire pour la première fois l'odeur inoubliable du plateau de la Comédie-Française.

« Chœur de jeunes filles de la tribu de Lévi : Mesdemoiselles Hébrard, Maurey, Nerval, Spira, élèves du Conservatoire. »

Je suis dans la place !

Je me gave d'alexandrins, je me roule dans le répertoire, je m'enivre de comédies, drames, tragédies, impromptus, levers de rideaux, comme autrefois je m'enivrais de peinture en regardant les trésors du Louvre en cavale.

Je suis entrée dans la classe Dussane.

C'est une femme merveilleuse. Ardente et drôle. Sévère et sensible. Cultivée comme on n'en fait plus. Ses cours sont un enchantement et me donnent envie de mourir en scène. Malheureusement, il paraît que ce n'est pas mon emploi. Je suis amoureuse... Mais de qui ? De personne. Si, de Valentin, d'Hippolyte, d'Achille, de Perdican, d'Octave...

Un jour, un beau jour, je suis « distribuée » dans les chœurs d'Athalie !

C'est un autre professeur du Conservatoire, Georges Leroy, qui fait la mise en scène.

Il dit les vers du Grand Prêtre :

Quelle Jérusalem nouvelle
Sort du fond du désert brillante de clartés... ?

et nous voilà toutes transformées en statues de sel.

Georges Leroy est un personnage extraordinaire. Très catholique, comédien, metteur en scène, il est également maître verrier. Il a promis de nous faire rencontrer Clemenceau qui est mort et enterré depuis 1929. Il ne remarque pas le trouble dans lequel nous plonge cette perspective. Il vit dans l'intimité de Clemenceau qu'il appelle le Président et avec qui il dialogue sans fin. Nous avons été de bonnes petites, donc il nous présentera au Président. Très vite nous acceptons de jouer le jeu. À part Clemenceau, tout est en ordre dans la tête du vieux maître. Aucune des filles de la tribu de Lévi n'oubliera les semaines passées dans la fièvre du

Temple ; il y avait des étincelles de feu sacré dans l'air que nous respirions.

À la fin des répétitions, sa femme mourut. Jeanne Delvair, qui était comédienne, avait demandé d'être enterrée dans sa robe de tertiaire de l'ordre de Saint-François. Georges Leroy nous en informa simplement. Rien n'était banal avec lui. Le chœur tout entier s'en fut assister aux obsèques de la tertiaire. Elles furent très belles et nous bouleversèrent. Je ramenai Nicole Maurey à la maison après la cérémonie et, pendant le déjeuner, je crois bien que notre émotion nous fit parler en alexandrins.

Racine, le Temple de Jérusalem, les beautés de la langue française, tout ça ne pouvait qu'enchanter mes parents, mais la robe de tertiaire de Saint-François avait plus de mal à passer. Mon enthousiasme les inquiétait et le côté à la fois libéré et liturgique du théâtre les laissait très réservés. Ne risquais-je pas de mal tourner ? En devenant soit une coquine, soit une dévote. À la fois guettée par la dépravation et la piété, ils se demandaient laquelle de ces deux aberrations j'allais choisir, à quel saint j'allais me vouer.

Moi, à ce moment-là, je ne pense qu'à travailler, je suis trop heureuse... il me manque l'essentiel mais je ne le sais pas encore...

Jusqu'au jour où je rencontre un garçon, je le gifle, il me gifle... et ma vie en est tout éclairée.

Ça doit se voir car, sans que je le demande, on me met en garde :

– Louis Velle !

– Oh ! là, là !

– Ce n'est pas un garçon pour toi !

Et pourquoi, s'il vous plaît ?

Il paraît qu'il est « couvert de filles », qu'avec lui

« ça ne traîne pas », qu'il ne cesse d'aller « de l'une à l'autre » !

Comment fait-il ? On ne se quitte pas ! Même quand nous sommes loin l'un de l'autre, le dialogue continue...

Le jour où il écrit son amour sur moi, quelle lumière soudain !

Le lendemain, j'ai l'air si heureuse que quelqu'un glisse une goutte de poison dans mon oreille :

– Avec Louis Velle, ma pauvre chérie, tu ne risques pas de t'ennuyer !

Tant mieux ! c'est tout ce que je demande !

J'arrivais de plus en plus tard pour le dîner. Le silence était pire qu'une avalanche de questions. Il fallait que je parle.

Je savais ce que risquait Louis en se présentant devant le tribunal familial. Les malheureux garçons qui avaient eu l'infortune de franchir le seuil du Petit Palais avaient tous subi l'épreuve de l'examen de passage. Automatiquement soumis aux rayons X, ils avaient été comparés aux merveilleux amis de jeunesse de mon père et de ma mère. Et la comparaison n'était jamais à leur avantage.

J'avais beau savoir que, quel que soit le jugement de mes parents, il ne changerait en rien le mien, cette certitude ne m'empêchait pas de trembler.

La Vengeance d'une orpheline russe vint à mon secours.

Unique pièce du Douanier Rousseau, créée au théâtre de l'Œuvre, ce petit bijou fit les délices de Paris pendant toute une saison. Ramenée d'une durée de six heures trente à celle d'une heure douze, pour des raisons facilement compréhensibles, elle ressemblait à la peinture de son auteur et enchevêtrait la poésie à la réalité, la naïveté aux éclats de rire.

Louis jouait le personnage du suborneur qui abusait d'une pure jeune fille, laquelle se vengeait à la dernière scène du dernier acte.

Mon père, tous les samedis, participait à une émission de radio, *La Tribune de Paris*, où il rencontrait André Maurois, Claude Mauriac, Armand Salacrou et Claude-Roland Manuel.

Il alla voir la pièce et en parla avec enthousiasme à la *Tribune* qui suivit. Il avait particulièrement apprécié le garçon qui jouait le rôle du « vil séducteur » ainsi que le Douanier Rousseau avait qualifié le personnage.

– Sa façon de dire : « Enfin elle m'a cédé ! », remarquable !

Je me lançai. J'invitai Louis à la maison mais, prudente, je l'enrobai de quelques camarades des deux sexes, pour que les choses n'aient pas l'air de ce qu'elles étaient.

Je ne me souviens pas des propos échangés, j'étais trop émue... ce dont je me souviens, c'est que personne ne parla en dehors de mon père et de Louis. Qui faillit manquer son entrée en scène, et se sauva en courant.

Quand nous fûmes seuls, tout le monde étant parti, mon père se tourna vers moi et me dit gravement :

– Très intelligent, ce garçon.

– Lequel ? demandai-je d'une petite voix.

– Le « vil séducteur ».

– Très intelligent, renchérit Maman.

Ils avaient l'air contents.

– Il est juif, n'est-ce pas ? poursuivit Papa.

– ...

Mon père continuait :

– Esprit cultivé, rapide, brillant ! Vivacité, mordant, structure intellectuelle rare... très juive. D'ailleurs « Velle », c'est certainement « Weil »...

– De tous ceux qu'on a vus, dit Maman, c'est lui le plus intéressant.

– De loin !

– Et même le seul !

J'étais bien d'accord avec eux. J'en avais mal au cœur d'émotion, et je ne dormis pas de la nuit. Louis pouvait être juif, mahométan, bouddhiste, animiste, ça m'était égal ! Il plaisait à mes parents !

Le lendemain matin, j'arrivai la première au Conservatoire. Je guettai Louis et, dès que je le vis, je me précipitai sur lui :

– Tu es juif ?

Il me regarda avec étonnement, me dit qu'il était catholique, qu'il avait reçu une éducation religieuse, qu'il était croyant.

– Mes parents pensent que tu es juif.

– Mais pourquoi ?

– Ils te trouvent très intelligent.

Nous éclatâmes de rire.

– J'espère ne pas trop les décevoir quand ils sauront que je ne le suis pas.

Ils le furent un peu.

Étais-je bien sûre de ce que j'avançais ? Ce garçon charmant, brillant... catholique ?

– Il a été élevé chez les Frères des Écoles chrétiennes.

– Les Ignorantins ! s'exclama Maman.

– Funérailles ! dit Papa.

Un silence paralysant... au bout duquel Maman me demande :

– Mais... maintenant ?

– Maintenant ?
– Il est quand même... dégagé de tout ça ?
– Il est catholique, dis-je.
« Diable ! » La voix de la cousine Juliette résonnait dans ma tête. Un parfum de guerre de religion flottait dans le salon. Le silence s'épaississait. Il allait falloir se battre...
– Catholique... pratiquant ? demande Maman.
– Pratiquant, je ne sais pas. Ce que je sais, c'est qu'il est croyant.
Oh, le silence !...
– Ses parents ?...
– Ses parents sont divorcés.
– Ah, quand même ! dit Maman, rassurée.
Mon père et elle échangèrent un regard, se sourirent, me sourirent, et je sus que nous n'étions pas en train de parler « d'un » camarade, mais du garçon qui risquait d'être l'unique, le seul.
Ils avaient tout compris. Il fallait seulement laisser un peu de temps au temps, et leur permettre, à eux qui s'étaient préparés à manger casher, d'accepter que le vin de messe et le pain bénit soient au menu de la famille.

☆

Louis

On imagine sans peine avec quelle appréhension je sonnai à la porte du Petit Palais, un soir de février 49, vers 22 h 45.
Était-ce une heure pour faire une demande en mariage ? Mais André Chamson était pris l'après-

midi par ses fonctions de conservateur, moi je jouais *L'Orpheline* à 21 heures. Heureusement le Studio des Champs-Élysées où nous nous étions transportés n'était pas trop loin du Petit Palais.

Un gardien à jambe de bois vint m'ouvrir et m'indiqua le chemin de l'ascenseur, engin vétuste et grinçant qui m'achemina doucement au second étage.

Je pensais avoir mis toutes les chances de mon côté. J'étais allé chez le coiffeur. Avec les quelques sous que me rapportait la pièce, j'avais acheté un manteau sur lequel je comptais beaucoup pour faire bonne impression. Et j'avais préparé avec soin et méthode les arguments décisifs qui permettraient à ma demande d'être prise en considération.

Je sonnai à la porte de l'appartement. Des pas précipités, et une jeune fille blonde à longues nattes, que je ne connaissais pas, vint m'ouvrir et me sauta au cou. Quand elle me dit : « Les parents t'attendent », je compris que c'était Frédérique. Dans la semi-obscurité de l'entrée, je ne l'avais pas reconnue : elle portait les postiches que son rôle exigeait dans *Madame de Falindor*, une délicieuse polissonnerie Renaissance dont elle m'avait dit : « Je vais jouer une pièce que mes parents ne me laisseraient pas aller voir. » La troupe de *Falindor* répétait dans le grand salon à la même heure.

Elle et ses nattes m'accompagnèrent jusqu'au salon où se tenaient ses parents. Elle eut tout juste le temps d'ouvrir la porte et de dire : « Voilà Louis », qu'une voix éperdue criait : « Vite, vite, Frédérique ! C'est ton entrée. » Elle s'éclipsa et me laissa en présence de ses parents.

André Chamson se tenait debout derrière la table qui lui servait de bureau, et Madame Chamson, assise sur un canapé, face à la chaise qu'André Chamson me désigna par-dessus la table, en me disant : « Monsieur, je vous écoute. »

Il avait pris son visage qu'il appelait lui-même – je le sus plus tard – son visage « Monument des Réformateurs de Genève à moi tout seul », dont il jouait à merveille et qu'il savait intimidant au suprême degré.

Le temps de m'asseoir, le discours que j'avais préparé s'était évaporé. Madame Chamson souriait, encourageante. Je lui rendis son sourire.

– Eh bien, voilà... Je vous remercie d'abord de m'accueillir à une heure aussi tardive...

André Chamson, d'un léger mouvement de tête, m'indiqua que c'était peu de chose.

– ... Je suis venu pour... pour que vous sachiez que... Frédérique et moi, nous... enfin...

Ma voix dérapait, franchissant à peine le seuil de mes lèvres. André Chamson me vit à la peine. Ce n'était pas un homme sans cœur, et il ne fallait pas insister pour qu'il prenne la parole. Il me tira d'embarras.

– Ce qu'il nous importe de savoir, c'est la qualité de vos sentiments pour notre fille.

– Forts !... Très forts..., murmurai-je d'une voix éteinte.

– C'est l'essentiel... Vous allez me dire que vous n'avez pas encore de situation...

Approbation de ma part.

– Pas d'argent...

Nouvelle approbation.

– Mais des espérances...

J'inclinai la tête.

À partir de là, ce fut André Chamson qui fit les demandes et les réponses, et sut se montrer plus convaincant que je n'aurais pu l'être.

– Cependant, continuait-il, vous jouez actuellement une pièce que tout Paris acclame... que nous avons vue...

Sourire approbatif de Madame Chamson qui, dans une attitude que je ne savais pas encore à quel point lui était familière, s'assit sur sa jambe repliée. Je profitai de ce geste de détente pour entrouvrir mon pardessus et en laisser voir la doublure – sur laquelle je comptais tant.

– ...Et qui nous autorise à penser que vous avez de l'avenir. Dans ces conditions, rien ne s'oppose à ce que vous voyiez notre fille, et que vous établissiez des projets si c'est dans vos intentions.

Très vive approbation de ma part.

Là-dessus, Frédérique et ses nattes blondes réapparaissent.

– Nous venons de parler avec ton ami qui nous a fait part de ses sentiments, eh bien, nous sommes prêts à l'accueillir, et qu'il considère cette maison comme la sienne ! conclut-il en se levant. Voulez-vous venir déjeuner demain ?

Je fis semblant d'hésiter.

– Mais oui ! dit Madame Chamson en se levant à son tour.

Moi j'entrais dans un rêve dont je ne me suis toujours pas éveillé.

Comment imaginer être accueilli comme je venais de l'être, alors que tant de choses auraient pu nous séparer : origine, opinions, religion...

Pourquoi cette confiance immédiate, totale ?

Je n'ai toujours pas de réponse à cette question, mais je garde à André et Lélette une reconnaissance qui durera jusqu'à mon dernier souffle. Ils posaient ce soir-là la première pierre de notre bonheur.

Je demandai à Frédérique si elle voyait une objection à ce que nous ayons une bénédiction sacramentelle à l'église. Je ne songeais nullement à l'entraîner vers le catholicisme. Mon intention était bien différente. En dépit de la tournure affligeante qu'avait pris le mariage de mes parents, je ne voulais pas laisser d'espace au divorce. Je voulais fermer cette porte à jamais. En faisant bénir notre union, je voulais lui donner l'assurance que l'engagement que je prenais vis-à-vis d'elle avait à mes yeux un caractère irrévocable. C'était, si je puis dire, un engagement mortel.

Étant sans paroisse à Paris, je pris contact avec un prêtre de Taverny, nouvel arrivé, qui ne me connaissait pas, et je lui exposai la situation.

– Protestante... ! répéta-t-il avec consternation. Oh là là !... Oh là là !...

Une profonde désolation se peignait sur ses traits. Il garda le silence un moment tout en hochant la tête, puis il laissa tomber d'une voix lamentable :

– C'est l'évêché... ! On n'y coupera pas, c'est l'évêché...

Je ne saisissais pas tout ce qu'il voulait dire, mais suffisamment pour comprendre que l'affaire ne se présentait pas bien.

– ... Il faudra constituer un dossier... la commission... les délais...

Puis il revenait au départ :

– Protestante !... Oh là là !... Quelle misère !... C'est l'évêché !...

Puis tout à coup, à bout de ressources, il me dit :

– Est-ce que je pourrais voir votre fiancée ?

Je lui répondis qu'il n'y aurait sans doute pas de problème. Nous prîmes date pour une nouvelle rencontre. Et il me serra la main, comme on présente ses condoléances. Comme je l'avais imaginé, Frédérique ne formula aucune objection pour rencontrer le Père. Elle paraissait même en éprouver du plaisir. Elle se fit aussi convenable que possible : gants, chapeau, petite robe sage, et je la présentai au prêtre qui vit entrer à la fois dans son presbytère la Comédie, le Péché et l'Hérésie.

Je les laissai en tête à tête; je montai jusqu'à l'église toute proche, église pleine de mes bonheurs d'enfant, et me retrouvai devant la statue de Notre-Dame de Taverny, protectrice séculaire des pierres et des âmes. Le temps jugé convenable, je redescendis vers le presbytère. Le curé était sur le seuil avec Frédérique. Dès qu'il me vit il s'élança vers moi, les deux bras levés vers le ciel, le visage illuminé, en me criant d'une voix triomphante :

– Elle est païenne ! Elle est païenne !... Y a plus de problèmes !

Que voulait-il dire ? Je regardai Frédérique, souriante, lui, transfiguré !

Il m'apprit alors que ma fiancée, que je croyais protestante, n'avait jamais été baptisée, et qu'ainsi le sacrement pouvait nous être administré... ah ! dans une chapelle latérale, n'exagérons pas !...

Autrement dit si Frédérique avait été chrétienne, nous aurions eu les pires problèmes. Son paganisme aplanissait les difficultés. Allez comprendre !

☆

Frédérique

C'était la première fois que j'entrais dans un presbytère.

Terra incognita...

En acceptant l'idée d'une bénédiction je n'avais pas l'impression de céder à Louis, mais de l'aimer. Pour autant je ne me faisais pas catholique, d'ailleurs il ne me le demandait pas mais je devinais ce que ce sacrement représentait pour lui.

Que se serait-il passé si, à la question du curé : « Date et lieu du baptême ? », j'avais pu répondre. Au lieu de cela, j'avais murmuré, un peu gênée : « Je ne suis pas baptisée... » et les portes du Ciel s'étaient ouvertes devant moi. Bizarre, non ?

J'étais soulagée de voir disparaître les problèmes, mais j'étais troublée de ne pas être celle que je croyais. Païenne comme mon divin Pépé ? Alors que je me croyais protestante ? Qu'importe ! J'étais celle que Louis voulait. Je l'aurais suivi en enfer, je pouvais bien le suivre à l'église !

Au Petit Palais, la vie était devenue très gaie. On riait beaucoup. On s'amusait. Louis était adopté. Par mes parents, par leurs amis : Louis Guilloux qui passait de longs séjours à la maison, Jean Daniel et Henri Petit qui y dînaient souvent. Comme eux, Papa était sidéré par la mémoire de Louis et sa connaissance de la poésie étrangère contemporaine. Président du Pen Club français, il devait recevoir des Péruviens, des Guatémaltèques ou des Islandais que la paix retrouvée amenait à Paris.

– Pedro-Cintron Mora de la Cruz ? s'exclamait Louis, mais bien sûr ! C'est lui qui a écrit *La Saudade du Sertao* ! Birgit Krölh-Puplier ? Formidable ! C'est l'auteur de *Vert est l'iceberg* !

Un cinglé inondait mon père de lettres qu'il déposait, scellées, au portier de la conservation du Musée :

Je vous ai écrit hier (Luc XI, 9), *mais au dernier moment, je n'ai pas envoyé la lettre* (Proverbes IV, 3). *Puis j'ai décidé de le faire (*Apocalypse VIII, 12), etc.

Ces références à la Bible me semblèrent un bon prétexte pour parler à mes parents de notre mariage à l'église. Mon père m'arrêta d'un geste et me dit :

– Nous ne voulons rien savoir. Nous n'en parlerons pas.

Nous n'en parlâmes pas.

Mes parents ne me demandèrent pas de me marier au temple puisque eux-mêmes, au grand désespoir de Mémé, n'avaient pas jugé bon de le faire.

Mais, dans leur silence volontaire, je lisais leur peine et elle me désolait. Comme me désolait la peine de la maman de Louis privée de la joie d'accompagner son fils à l'autel...

Que faire ?

Nous savions que nous ne pourrions satisfaire nos trois familles mais nous nous efforçâmes de faire le moins de chagrin possible à chacun de nos parents.

Nous nous marierions à l'église mais seuls.

Nous nous y donnerions l'un à l'autre pour toujours. Sans cortège ni grandes orgues, sans photographe ni sacristie. Nos différences seraient les fleurs du bouquet de la mariée.

Mais comment annoncer notre décision ?

La complication même de la situation nous sauva. Car si mon futur beau-père, qui traversait alors une légère zone de turbulence avec sa troisième femme, se préparait à rencontrer tout le monde sans problème, il n'en allait pas de même pour le deuxième mari de sa première femme qui s'opposait à des retrouvailles générales, ne pouvant supporter l'idée que les anciens époux se serrassent la main vingt années après leur séparation.

Comme ils étaient jeunes !

Mes parents avaient rencontré la mère et le beau-père de Louis pour parler du mariage. Civil, bien sûr. Nous avions redouté le face à face entre l'ancien lecteur de *L'Action française* et l'un des directeurs-fondateurs de *Vendredi*. À tort. Tout se passa bien. Sans doute furent-ils déçus de trouver tant de similitudes de sentiments chez un adversaire ? Beaux joueurs tous les deux, ils s'acceptèrent avec honnêteté.

Ce jour-là, on décida d'inviter à notre mariage l'adorable grand-père Velle qui n'était fâché avec personne et représenterait la branche paternelle. Vexé, le père de Louis reprocha à son fils d'avoir choisi le parti de sa mère et bouda.

Ces incidents diplomatiques, en nous isolant, précisèrent les contours de notre union en prouvant de façon éclatante qu'il était question de nous.

De nous seuls.

L'adorable grand-père Velle fit la joie de tous. Surtout celle de ma mère car, en arrivant à la mairie, il lui prit les mains en déclarant :

– Mademoiselle, vous êtes ravissante ! Je suis très heureux que mon petit-fils vous épouse !

Personne.

Il n'y avait que nous et nos deux témoins dans l'église de Blanche de Castille.

Un vrai mariage sous Louis XIII.

Il ne fut pas célébré dans la grande nef mais dans la chapelle de la Vierge.

Le curé avait l'air pressé d'en finir avec sa païenne, mais la Vierge souriait. Elle me disait : « Tout va bien, camisarde ! Je suis là aussi pour toi ! »

Nous étions seuls...

Puis la porte grinça dans notre dos et un pas décidé frappa les dalles.

La belle-mère de ma belle-mère, toute noire, très élégante, arrivait du fond de l'église comme si elle venait vérifier qu'il y avait bien un mariage religieux, et sa présence me révolta.

J'avais dit personne...

Soudain les cloches se mirent à sonner et il n'y eut plus que l'essentiel.

Les cloches sonnaient pour mes noces. Mes noces avec Louis.

Il est comme un sceau sur mon cœur et l'amour est fort comme la mort.

Le chemin

Frédérique

Le propos de ce livre n'est pas de raconter notre vie mais ce qui, dans notre vie, touche à Dieu et à la religion à travers un siècle où les choses sont allées plus vite que dans les siècles passés.

Nous aurions pu nous rencontrer dans une autre époque et il n'y aurait eu que du sang et des larmes.

Nous aurions pu nous rencontrer en Irlande.

Aujourd'hui...

L'espace et le temps se sont souvent accordés pour rendre un amour impossible.

Nous avons eu de la chance.

Dans une lettre à ses parents, austères protestants nîmois, Rossel * écrit, le 6 mars 1869, parlant d'une jeune fille catholique de Metz qu'il aimait et aurait voulu épouser :

La personne à qui vous me défendez de penser...

Que de douleur dans cette respectueuse remarque ! La mort tragique et si proche du héros semble inscrite en filigrane derrière l'interdit du père, derrière l'inviolable autorité.

Oui, nous avons eu de la chance.

* *Le Roman de Rossel*, Christian Liger, Robert Laffont, 1998.

Mais nous n'avons jamais oublié ce qui aurait pu être – ou pire : ce qui aurait pu ne pas être –, et cette conscience du malheur nous a accompagnés tout au long de notre existence comme le cri de souffrance du verre que l'on brise dans la synagogue au moment de la célébration du mariage.

L'amour, le théâtre, le bonheur partagé ne me laissent pas beaucoup de place pour les préoccupations religieuses pendant les premières années de notre mariage. La liberté de conscience est un lien de plus entre nous. Aucun prosélytisme chez Louis, aucun anticatholicisme de mon côté pourvu qu'on me laisse être moi.

La prière du soir chez ma belle-mère me surprend et me froisse. Je ne veux pas faire semblant, le sujet est trop grave. Par contre, un Vendredi saint, j'accompagne Louis au Chemin de Croix. Je trouve le texte plat, le ton du prêtre qui chevrote consternant, mais l'histoire, toujours neuve, me bouleverse une fois de plus.

Maintenant, je sais comment on fait les enfants. À vrai dire, mon problème serait plutôt de savoir comment on ne les fait pas !

Je ne suis pas la seule. C'est le problème des femmes de ma génération. La pilule et le stérilet n'arriveront que des années plus tard, la vente des contraceptifs est interdite en France et, si vous vous faites prendre avec un diaphragme acheté légalement dans une *drogerie* suisse, vous risquez d'aller en prison.

Aujourd'hui ça fait rire mais, en ces temps reculés, ça faisait parfois mourir.

Il y avait une sorte d'accord entre l'Église et l'État

qui rendait l'amour dangereux. Surtout pour les croyantes. J'étais sidérée quand une amie me confiait que c'était son confesseur qui décidait de ce qu'elle pouvait faire ou ne pas faire avec son mari !

De quoi je me mêle !

Je n'avais évidemment pas de confesseur mais ça ne m'empêcha pas d'attendre un bébé.

Stupeur. Incrédulité. Joie.

Toute la famille est en émoi. On tricote. On conseille. On s'émerveille.

Évidemment dans quelques mois je ne pourrai plus dire : *Le petit chat est mort !* Ce n'est pas grave, j'écrirai !

Maman me retient une chambre dans une maternité dont on lui a dit le plus grand bien : celle des Diaconesses de Reuilly.

– Ce n'est pas parce qu'elles sont protestantes, affirma-t-elle, mais parce qu'elles sont admirables !

C'est vrai. Fondée en 1841, reconnue d'utilité publique en 1860, l'œuvre des Diaconesses est effectivement admirable. Vêtues de bleu, coiffées d'un voile blanc, les Sœurs n'ont pas seulement pour mission et vocation d'aider à naître dans la joie et à mourir dans la paix, mais elles sont là pour soulager toute souffrance, rendre la maladie moins cruelle et la vieillesse moins solitaire.

C'est dans leur maison de Reuilly, dont le jardin communique par une petite porte dans un vieux mur avec celui des Sœurs de Sainte-Clotilde, que nos trois enfants viennent au monde.

Le temps a passé mais je garde toujours les Diaconesses dans mon cœur, et elles n'ont jamais cessé de me manifester leur amitié. Quand nous nous retrouvons, il me semble que Catherine vient de naître.

Catherine. Ma fille.

Quelle dimension nouvelle a la vie !

Elle te ressemble... elle me ressemble... elle nous ressemble ! Quelle merveille un petit enfant !

Mais je ne vais pas longtemps profiter de ma Cathy : dès que je peux tenir sur mes pattes de derrière, je cours au Vieux-Colombier où un rôle m'attend. Je répète. Je joue. Et je tiens mes promesses : Catherine sera baptisée.

Louis, lui aussi, tient ses promesses. Il n'y aura à son baptême que son parrain, sa marraine et nous.

Sa marraine, Luce Paris, est une grande amie de mes parents. Cette artiste peintre dont une grand-mère était paysanne, l'autre gitane, cette amie des surréalistes, cette résistante héroïque, a un mari pas ordinaire.

Charles Hilsum, Étienne dans l'armée des ombres, descend d'une dynastie de diamantaires d'Amsterdam. Juif, communiste, il a été élevé à Oxford, et c'est un des hommes les plus élégants que je connaisse. Il est aussi le directeur de la Banque commerciale pour l'Europe du Nord, c'est-à-dire celle de l'or de Moscou à Paris. Comme mes parents, il a rejeté l'un après l'autre tous les garçons que je lui avais présentés. Sauf un. Louis. Il l'appelle « fils ».

Jusqu'à sa mort nous fêterons les Rois chez Luce et Charles, avec leurs amis du Parti. Et c'est à travers sa banque communiste que Louis découvrira les délices du capitalisme et, plus tard, s'intéressera à la Bourse.

Quelques années après sa sœur, Nicolas débarque à son tour chez les Diaconesses.

Je n'en revenais pas d'avoir un petit garçon. Je n'étais pas plus heureuse qu'à la naissance de ma fille, mais plus étonnée. Ça me paraissait plus difficile à faire. Une fille, c'était comme moi, je savais. Mais un garçon ! Un homme ! J'avais fait tout ça ! On a beau être aidée, quel miracle !

Les Sœurs m'accueillirent comme une amie, joyeuses de me voir revenir. Elles me donnaient des nouvelles de celles que j'avais connues à la naissance de Catherine et qui étaient parties vers d'autres maisons de la communauté ; elles me racontaient leurs joies et leurs peines, me faisaient part de leurs petits plaisirs.

– Aujourd'hui, madame, nous sentons toutes la fleur d'oranger ! C'est que nous avons fait des gâteaux pour la fête de la Mère Supérieure de nos chères voisines, les Sœurs de Sainte-Clotilde.

C'est ce jour-là que j'appris l'existence de la petite porte dans le vieux mur. Depuis j'ai souvent pensé à cet étroit passage entre deux religions si proches l'une de l'autre, et la petite porte est devenue pour moi une sorte d'objet-fée dont la serrure ne peut s'ouvrir que quand le cœur le commande.

De part et d'autre du mur, les Sœurs étaient en avance, Vatican II était encore dans les limbes.

Je devais avoir l'air rêveuse en les écoutant, elles me crurent gourmande et me promirent de garder pour moi des merveilles*.

Un autre jour, elles m'annoncèrent qu'un pasteur de quatre-vingt-dix-neuf ans, doyen de la maison de retraite, désirait me rendre visite.

– Il prendra ses cent ans mercredi ! s'exclama une infirmière toute jeunette, avec l'accent de Nîmes.

– Vous voulez bien le recevoir ? me demandèrent les Sœurs.

Peut-on refuser sa porte à un monsieur qui a

* Sorte de beignet, léger, soufflé, sucré, que l'on appelle aussi « oreillette ».

presque l'âge de la Belle au bois dormant ? Il devait attendre dans le couloir car il fut là tout de suite. De ma vie je n'avais vu un plus petit homme de Dieu ! Mais si l'existence l'avait réduit à la taille d'un enfant, elle lui avait laissé toute sa tête. Et tout son cœur. Il posait sur les choses et les gens un regard bleu, un regard plein d'espoir. Il se pencha sur le berceau, bénit Nicolas, et déclara qu'il avait déjà l'air d'un camisard. J'aurais très bien pu me taire, mais je sentis que je lui devais la vérité. Je lui dis que mon petit garçon serait baptisé catholique.

Alors le vieux pasteur leva sur moi son regard bleu, son regard plein d'espoir, et s'écria :

– Vais-je en vouloir à l'Éternel de le faire chrétien ?

☆

Il venait de partir quand Maman arriva.

Je décidai de tout lui dire. On ne peut pas se disputer au bord d'un berceau, et il faudrait bien parler un jour du sujet difficile que nous n'avions jamais abordé. Je me lançai :

– J'ai eu la visite d'un pasteur...

Je pris un temps, le cœur battant, et Maman s'écria, très gaie :

– Ça, c'est l'inconvénient des maisons religieuses ! Enfin, heureusement, tu n'es pas chez les voisines, elles t'auraient envoyé un curé ! Dieu garde ! Et qu'est-ce qu'il te voulait, ce pasteur ? Tu avais demandé à le voir ?

Je bredouillai que non. Mal à l'aise, je n'avais plus le courage de parler. Heureusement une Sœur frappa à la porte et dit à ma mère :

– La dame est très touchée, elle voudrait vous voir pour vous remercier !

C'était Maman qui semblait gênée maintenant. Elle m'expliqua que, chaque jour, quand elle venait me voir, elle passait devant la fenêtre d'une chambre qui ouvrait sur le jardin. Et elle voyait une jeune femme noire avec un petit bébé ravissant, et jamais personne ne leur rendait visite...

– ... alors je lui ai fait porter des fleurs, ajouta-t-elle, comme si elle avouait une faute.

– Elle vous attend, dit la Sœur.

Maman sortit. La Sœur tourna Nicolas dans son berceau, arrangea sa brassière. Elle semblait émue.

– Cette jeune femme, la pauvre... il n'y a pas de mari... et pas de famille. Aussi les fleurs de votre Maman...

Elle me regarda et sourit :

– Elle est gentille votre Maman ! Une vraie chrétienne !

☆

Depuis le temps où, vierges de la tribu de Lévi, nous avions adoré l'Éternel ensemble sur les planches du Théâtre-Français, Nicole Maurey et moi étions devenues inséparables.

Nous le sommes toujours. Elle fait partie de ma vie, comme je fais partie de la sienne. Nous lui demandâmes d'être la marraine de Nicolas. Le parrain serait Claude, que Louis avait connu à Lure, pendant le terrible hiver 47.

Claude et Irène avaient quitté la Haute-Saône pour se rapprocher de Paris. Ils vivaient maintenant à Poissy, dans une grande maison romantique, au milieu d'un jardin.

Irina Stepanova était née en Turquie, en exil. Un prince et une prostituée l'avaient tenue sur les fonts baptismaux, les exigences de ses parents portant essentiellement sur la religion. Claude, catholique, avait accepté que leurs enfants soient orthodoxes. Il savait que les raisons d'Irène n'étaient pas seulement confessionnelles, mais qu'elle avait besoin de transmettre la patrie perdue à sa descendance. Il ne fut pas toujours facile à Claude de le faire comprendre à sa propre famille. Aussi fut-il inutile de leur recommander la discrétion.

Irène ne devait jamais connaître la Russie. Elle la portait dans son cœur, jalousement. Elle ne cachait à personne qu'elle trouvait la religion orthodoxe plus près de Dieu que toutes les autres, mais, loin d'écarter ceux qui étaient d'une confession différente de la sienne, elle était curieuse de leurs traditions, de leurs rites, comme elle était curieuse du fonctionnement de ceux qui n'avaient pas la foi.

Dans la grande maison de Poissy, on rencontrait des prêtres barbus et chevelus qui ne parlaient ostensiblement que russe ; ils étaient flanqués d'épouses pieusement enceintes et d'enfants voraces et nombreux. Parfois, respectueuse de tous ses invités, Irène faisait venir des plats préparés pour des juifs pratiquants.

Ce n'était jamais des réunions à caractère religieux, mais on y parlait de tout ce qu'on cache d'habitude dans le monde. On riait beaucoup, on buvait énormément. Certains se disputaient pour un vers de Pouchkine, une date historique ou une recette de vatrouchka ; le ton montait, c'était terrible, et, brusquement, tous se réconciliaient à l'arrivée des pirojki ! Dans un coin une main invisible pinçait une balalaïka ; des jeunes filles couraient dans le jardin, nattes dans le dos. Claude sabrait le champagne... On était chez le comte Tolstoï à Iasnaïa Poliana.

☆

Les bébés sont discrets et ne racontent rien. On peut leur confier des secrets, ils les gardent. Il n'en va pas de même avec les enfants.

Ils parlent.

Le baptême de Catherine et celui de Nicolas n'avaient pas fait de vagues dans la famille. Tout le monde avait accepté la loi du silence. Mais peut-on demander à une petite fille qui se prépare à aller au catéchisme : « Surtout tu n'en parles pas à tes grands-parents ! »

Depuis longtemps nous avions quitté le Petit Palais, nous aurions pu continuer à nous taire, mais cela me gênait et je décidai d'avoir une conversation avec mon père et ma mère. Non seulement je le devais, mais j'en avais besoin. En leur annonçant que Catherine commençait son éducation religieuse catholique je voulais leur dire où, moi, j'en étais. En quelque sorte les rassurer en leur disant que je me sentais toujours protestante. Comme eux. Sans être, pour autant, particulièrement attirée par Dieu. Oh ! j'y pensais, mais comme on pense à un pays où l'on n'a pas l'intention de se rendre tout de suite. Mon intérêt restait d'ordre culturel. J'avais toujours ma vieille Bible et mes *Mille et Une Nuits* ; j'y avais ajouté le Coran que je lisais et relisais avec délices. Et si je me sentais toujours protestante, c'est que je me sentais appartenir à une race plus qu'à une religion.

La conversation fut d'autant plus terrible qu'elle n'eut pas lieu.

Tout de suite mon père m'arrêta. J'avais trahi. J'avais choisi les persécuteurs de mes ancêtres. Il n'avait plus rien à me dire.

☆

J'étais trop désemparée, trop concernée, pour être capable d'analyser froidement la situation.

Je venais de perdre une identité que je croyais mienne. Je ne savais plus très bien qui j'étais. L'aspect confessionnel du conflit disparaissait derrière le chagrin.

Ne plus téléphoner chaque jour à ma mère... Ne plus débarquer à l'improviste chez mes parents...

Pourquoi ne pas avoir laissé Mémé me guider sur le chemin du protestantisme quand j'étais une enfant ?

Pourquoi avoir dit : « Elle choisira plus tard », et me refuser ce droit au moment du choix ?

D'ailleurs, quel choix ? Je n'avais pas prononcé les mots de l'abjuration. Je n'avais pas dit : « Je me réunis » à l'Église de Rome. J'avais seulement accepté que nos enfants soient élevés dans la foi de Louis, moi qui n'avais que des doutes et des questions sans réponse dans le cœur.

Je relisais le discours que mon père avait prononcé au Désert, en 1935.

REGISTER

C'était beau.

Mon mariage m'avait-il exclue de mes origines ? Les avais-je trahies sans m'en rendre compte ?

La fidélité à une communauté exigeait-elle qu'on n'épouse que qui vous ressemble ? L'union d'un catholique et d'une protestante était-elle un métissage interdit ?

Je n'avais pas que du chagrin. J'avais peur.

Peur de m'être trompée... Peur d'avoir perdu mes parents...

Peur de perdre Louis.

☆

– Je vous ai trouvé une maison dans la montagne ! nous dit Irène.

– Dans la montagne ?

– Oui ! À quelques kilomètres de Poissy.

La montagne s'élève jusqu'à cent quatre-vingt-douze mètres. Des châtaigniers y poussent, comme en Cévennes, et trois cents jours par an le vent qui souffle vient de la mer.

La maison s'appelle *Coin Perdu* et, si elle n'est pas chère pour ce qu'elle est, elle est trop chère pour nous. Tête baissée nous plongeons dans les dettes pour des années. Nous savons déjà que l'aventure sera périlleuse, nous ne savons pas encore que parfois elle sera héroïque.

Coin Perdu va nous permettre de reprendre Nicolas qui est en nourrice et d'avoir un autre enfant.

– Tu vas écrire ! me dit Louis.

Oui, je le sens. Et, tout de suite, j'aime la maison. Je l'aime aussi parce qu'elle est le prétexte, l'événement, qui permet à Maman de nous téléphoner.

– Alors vous avez acheté une maison ? On arrive !

☆

Maman, une blouse blanche jusqu'aux pieds, un torchon noué sur la tête, chante joyeusement, un rouleau de peinture à la main. *L'Opéra de 4 sous*, *L'Ange bleu*, les psaumes et les cantiques sont repris en chœur par Nicole, Irène et les Jean Hebey, section de choc qui nous aide à retaper *Coin Perdu*.

Je me demande qui est la plus heureuse, de ma mère ou de moi ?

Je n'arrive pas à croire que nous sommes restées

quelques mois sans nous voir... Je me souviens de la générale de *Mousseline*, et de mon émotion quand Louis m'avait dit :

– Ils sont dans la salle !

Il était monté en courant, avant le lever du rideau, pour me signaler leur présence.

J'avais joué pour eux. Après, ils étaient venus dans ma loge, gentils comme des étrangers qui félicitent une actrice :

– C'était très bien. Tu es très bien...

Louis leur avait demandé de venir souper avec nous. Ils ne pouvaient pas. Papa devait se lever de bonne heure le lendemain matin. Il recevait aux Archives un chef d'État africain. Ils regrettaient... Ils avaient beaucoup aimé...

– Je vous téléphone ! avait promis Maman en partant.

Elle n'avait pas téléphoné.

Et maintenant elle chantait un des plus beaux tubes de l'Armée du Salut, *Le Téléphone du Ciel* :

Dieu le tendre père
À chacun donne
Accès à son trône
Par le divin téléphone !

Tout le monde lâchait son pinceau ou son racloir pour applaudir Lélette, comme autrefois, quand j'étais petite, au temps des Écrivains.

Les Écrivains !

J'avais déjà écrit *La Petite Fille modèle, La Terre promise* (tiens !), *Le Mois de septembre, Un visage*, en volant du temps à ma vie d'actrice. Les choses allaient changer puisque Louis m'avait dit, en entrant dans la maison :

– Tu vas écrire !

Bien sûr, puisque j'avais décidé de ne plus jouer la comédie. Mais comme il est long le chemin qui mène une femme jusqu'à son encrier ! J'enviais les hommes. Je me sentais fatiguée.

Normal, j'attendais un bébé.

Je retrouvai mes chères Diaconesses, et François vint rejoindre Catherine et Nicolas.

Les premières années de *Coin Perdu* furent terribles et merveilleuses. Je ne publiais rien, mais j'écrivais sans cesse. Louis m'avait donné un gros cahier à spirale qui devint mon confesseur perpétuel. Je ne saurais trop conseiller à toutes les femmes surchargées de besognes d'en acheter un sans attendre ! J'ai compté les miens hier. Quatre-vingt-treize. Et je suis sûre que certains se cachent pour ressortir quand ils le jugeront nécessaire.

Je ne peux pas vivre sans cette confidence quotidienne, sans ce procès-verbal à chaud de la vie. Quand je le relis, je retrouve le parfum des années lointaines. Rien n'est perdu, ni les joies, ni les peines, ni la trace du destin. Et surtout pas le fabuleux cadeau que sont trois enfants pour un couple qui s'aime.

☆

Je leur raconte les aventures de Ferdinand le taureau. Je leur raconte les aventures de saint François avec Frère Loup. Et ils créent un personnage hybride et charmant qui s'appelle Ferdiloup.

J'invente pour eux *Tout seul-Tout seul* et *La Voiture Mirabelle*. Je commence l'histoire et ils la continuent, « pour pas que tu t'ennuies, Maman ! » m'explique Nicolas.

Je n'ai pas le temps de m'ennuyer ! La maison est lourde. Le soir, épuisée, je ne m'endors jamais sans avoir écrit l'essentiel de la journée sur mon cahier.

Un matin, François me dit gravement :

– Je sais qui est Dieu... C'est tous les gens que vous aimez et qui vous aiment, et même tous les gens qui vous aiment pas... Parce qu'un jour... tout le monde s'aime ! C'est forcé !

Peu à peu les contraintes se font moins dures, l'horizon plus clair. Louis travaille beaucoup, les petits grandissent, Catherine va au lycée.

Irène organise un dîner chez elle en l'honneur du pasteur Georges Richard-Molard qui revient de Rome où il a été envoyé par *Réforme* et *Le Figaro* comme journaliste accrédité auprès du concile de Vatican II.

À ce dîner, il y a les Chamson et nous.

Le pasteur est charmant, drôle, brillant.

Il est enchanté de ce qu'il a vu, entendu, deviné. Il devient grave pour dire qu'il pense que le concile est un grand moment de l'histoire des religions.

Mon père l'écoute avec passion. Il a toujours aimé parler avec les hommes de Dieu. Ma mère, elle, semble plus réservée. Elle ne se déride que quand le pasteur nous avoue :

– Pendant le concile j'ai beaucoup regardé les pieds des Sœurs...

Sa femme éclate de rire, et il nous explique :

– Je ne me voyais pas revenir de Rome sans rapporter une paire d'escarpins à mon épouse. Je regardais les pieds des Sœurs et, quand j'en ai vu une qui me semblait avoir la pointure recherchée, je lui ai demandé si elle voulait bien m'accompagner chez un marchand de chaussures.

– Et elle a dit oui ? demande Irène.

– Bien sûr ! Ça les a beaucoup amusées, elles étaient même quatre avec moi dans le magasin, nous avons eu un vrai succès.

Il y a plus de trente ans de cela mais je n'ai jamais oublié le conte du pasteur et de la Sœur Cendrillon.

Je n'ai pas oublié non plus la réaction de ma mère face à l'enthousiasme du pasteur parlant du concile. Elle voyait dans le rapprochement des Églises un risque de perte d'identité, un oubli de soi-même au bénéfice d'une uniformisation des religions.

Quel personnage que ma Lélette ! J'aurais tant voulu savoir ce que représentait pour elle l'idée de Dieu. Exaspérée par les signes extérieurs des religions, y compris de la sienne, elle pouvait s'indigner à l'idée que Vatican II risque d'influencer le protestantisme et le modifier.

Des années plus tard, mon père devait écrire, en parlant d'elle : « J'ai passé ma vie à côté d'une compagne à l'âme stoïque. Ce stoïcisme l'a sans doute entraînée à se croire agnostique alors qu'elle possède toutes les vertus d'une âme religieuse. »

Voilà un des dangers du protestantisme sociologique : continuer à le revendiquer tout en le considérant dépassé. Nos hommes politiques protestants en sont l'exemple le plus frappant. Ils nous concèdent qu'ils sont baignés de culture biblique, qu'ils sont parés de toutes les vertus morales et humaines de la Réforme, cependant leur discours n'a d'autre but que de nous faire comprendre qu'ils sont plus intelligents que Dieu.

Mais ma mère ?

Pourquoi m'avait-elle dit, au cœur de la guerre, au milieu du Louvre défait, que la *Pietà* d'Avignon était le plus beau tableau du monde ?

« Il y a tout. » Que signifiait ce « tout » pour elle ? Quel sanctuaire secret nous cachait-elle ?

On devinait son respect des serviteurs de Dieu à travers sa profonde vénération pour l'Armée du Salut. À travers sa réserve dans les lieux saints.

Brusquement, je me souvins d'une colère terrible qui l'avait saisie à Vézelay, très peu de temps après la guerre. Nous nous étions arrêtés, sur la route du Midi, chez Henri Petit qui nous avait emmenés à la basilique. J'avais un petit cocker blond, Malou, et j'étais restée sous le porche pendant que tout le monde entrait dans l'église. Voyant que je ne les suivais pas, Henri Petit était revenu me chercher. Je lui avais expliqué que je ne pouvais pas entrer à cause du chien.

– Baliverrrrnes ! s'écria-t-il.

Son accent bourguignon lui faisant tant fruiter les « r » que, pendant mon enfance, quand je l'entendais dire « mon cherrrr » à Papa, je croyais qu'il l'appelait « mon chéri ».

– Baliverrrrnes ! reprit-il. Les hommes ont oublié le plaisirrrr de Dieu ! Au Moyen Âge, les bêtes avaient accès aux églises ! On y voyait des ânes, des chèvrrrres, des mulets ! Des chiens, bien sûrrrr !

Trouvant cette image merveilleusement franciscaine, je le suivis. Nous entrâmes et avançâmes dans la nef. Pas très loin. Ma mère m'aperçut avec le chien, pâlit, fondit sur moi comme un milan sur un souriceau et nous entraîna dehors en me grondant, à voix basse d'abord, puis avec éclat quand nous fûmes sur le parvis.

– Tu es folle ! Mais tu es folle ! Un chien dans une église ! Mais tu ne respectes rien ?

Henri Petit l'assura que c'était lui qui m'avait poussée à entrer, il défendait son idée des animaux dans l'église avec ardeurrrr et il ne trouvait rien de choquant dans la présence d'un chien dans la maison du Bon Dieu.

– Un chien catholique, peut-être ! dit Maman. Mais pas notre chien ! Nous ne sommes pas chez nous, ne l'oublie jamais, Frédérique !

☆

Louis

Jours heureux au Petit Palais
... et la suite.

Je ne puis évoquer dans ma tête mes débuts dans la famille Chamson sans croire que j'ai vécu un conte de Perrault. Le mien commençait où les siens finissent : par le mariage. Comme dans les contes, j'habitais un lieu magique, le Petit Palais, où les choses de l'esprit, ainsi que l'on dit, tenaient la première place, dans une véritable cathédrale de livres où je n'avais qu'à piocher pour trouver mon bonheur. Non seulement les livres étaient proposés à ma voracité, mais leurs auteurs apparaissaient aux dîners ou aux réceptions. Et, quelques années plus tard, lorsque André fut élu président du Pen-Club international, les écrivains étrangers de passage à Paris ne manquaient pas de faire escale au Petit Palais.

Vivre tous ces instants avec la personne qu'on aime, n'est-ce pas un conte ? Ajoutez à cela que de notre chambre au soleil levant, par-dessus les verdures des Champs-Élysées et des Tuileries, notre plus proche voisin était le Louvre. Les cheminées du pavillon de Marsan semblaient surgir d'une forêt enchantée. Voulait-on plus d'espace, on montait sur les toits d'où l'on pouvait tutoyer la capitale.

Nulle mauvaise fée. Au contraire, les beaux-parents les plus agréables qu'on puisse rencontrer. Leur seul souci était que nous ne travaillions pas trop. Mais eux n'arrêtaient pas. André organisait de magnifiques expositions. Lélette reclassait toute la bibliothèque du Louvre. Dès qu'elle regagnait l'appartement, elle chantait, pendant qu'André écrivait. Tout allait pour le mieux : leur fille semblait heureuse et le gendre était présentable.

À l'idée de vivre auprès d'André Chamson, je m'étais promis d'avoir de grandes conversations, prolongements des échanges que j'avais eus avec lui lorsque j'étais venu au Petit Palais, mêlé à d'autres jeunes gens. Autant lorsqu'il était en présence d'un groupe de personnes, André Chamson était heureux de donner son opinion ou de répondre aux questions sur la littérature, l'Histoire, la politique ou la religion, autant, dans l'intimité familiale, il se montrait réservé.

Dans mon innocence initiale, je lui posais une foule de questions sur le protestantisme qui était pour moi une terre inconnue et que j'étais très friand de découvrir. Sa réserve, pour répondre aux questions, avait d'ailleurs été perçue par Frédérique petite fille. Si on l'interrogeait, elle devait répondre qu'elle était protestante, mais ses parents eux ne répondaient pas aux questions qu'elle était tout naturellement amenée à se poser. On était protestant, mais on répudiait la religion. Avec des nuances.

Pour ma belle-mère, le concept de religion était purement une infirmité de l'esprit humain, infirmité dont notre espèce guérirait peu à peu grâce au progrès de la raison. Le cas d'André était légèrement différent. Il ne lui échappait pas qu'il y avait un mystère sur nos origines et notre destinée, et sa curiosité le portait à rechercher des échanges avec des prêtres ou des pasteurs, à condition que ce ne fût pas dans le cercle de famille où régnaient les certitudes de Lélette.

Demeurait du protestantisme – et ce n'était pas peu –, une éthique rigoureuse mise en pratique par la famille Chamson. Rectitude, honnêteté, droiture, caractérisaient leur comportement.

Le second versant du protestantisme – et très particulièrement du protestantisme cévenol –, c'était le devoir de mémoire. Il ne s'agit pas ici de guerres de religion où s'affrontaient des armées, ou des bandes qui, au-delà des combats, pratiquaient les supplices et la torture, mais de la persécution que subit dans son domicile la population cévenole qui ne songeait nullement à se saisir des leviers de l'État, et qu'on vint tourmenter dans ses chaumières, brûlant les murs et les récoltes, déshonorant les filles, traînant enchaînés les hommes aux galères. Ces cruautés, et la résistance qu'elles ont engendrée, demeurent très présentes dans l'esprit des Cévenols, et interdiront longtemps les contacts avec la communauté catholique de proximité quand bien même elle n'aurait pas prêté la main aux exactions.

Ce devoir de mémoire imprègne l'œuvre entière d'André Chamson et, très directement, les discours quasi prémonitoires qu'il prononça avant guerre aux assemblées du Désert.

Ayant tout ceci à l'esprit, j'en suis encore amené,

cinquante années après, à me demander par quel prodige je fus immédiatement accueilli par André et Lélette. On imagine sans peine la reconnaissance émerveillée que j'ai pour eux. Ils me savaient catholique, m'ouvrirent leur porte et sans délai me firent confiance pour mêler mon avenir à celui de leur fille.

D'où le saisissement effrayé du curé de Valleraugue lorsque, fiancé, je me suis rendu chez lui pour je ne sais plus quelle formalité relative aux papiers du mariage :

– Vous allez être le gendre d'André Chamson ? Est-ce qu'on vous a vu entrer ?

Est-il utile de dire qu'au cours de notre longue vie commune, il n'y eut jamais entre Frédérique et moi la moindre tension en ce qui concerne la religion. Pour différentes raisons. Si Frédérique avait une forte identité protestante, elle n'avait pas à proprement parler de religion. Et moi qui en avais une, chrétien convaincu certes, mais, à mes propres yeux, insuffisant, je ne me voyais pas profiter des sentiments que j'avais inspirés pour essayer de convertir. Et puis il y avait entre nous des échanges. Frédérique m'aidait à découvrir l'Ancien Testament, qu'elle connaissait bien mieux que moi : trop de massacres, d'exterminations, de conduites indignes, m'empêchaient d'en goûter les beautés. À l'inverse, elle me questionnait sur différents aspects de la pratique religieuse, sur le dogme, sur la symbolique ou sur la théologie. Ces échanges pouvaient se prolonger pendant des heures. Parfois, certaines rencontres – personnes, livres, films, tableaux – étaient des accélérateurs d'entretiens. Je pense, par exemple, au *Septième Sceau* de Bergman qui nous tint éveillés jusqu'à sept heures du matin. Je répondais de mon mieux à sa curiosité passionnée.

L'idée de divinité était diffuse dans son esprit, mais très nécessaire et très évidente. Elle était de plain-pied avec une représentation du monde colorée de panthéisme. Elle connaissait la mythologie mieux encore que l'Ancien Testament, et me rendait limpides et contemporains les symboles dont elle surabondait. Elle peuplait la nature de génies, de fées, ou de minotaures. Les sources, les bois, les nuées, étaient chargés de présences et de significations. Tout dans la nature lui parlait d'une présence suprême. Mais sa recherche, son exigence, allaient bien au-delà, me reprochant presque de ne pas l'avoir entretenue plus tôt de mes connaissances et de mes réflexions en matière de religion.

Il n'était pas (encore) question de foi, mais d'aborder la religion comme une matière qu'on enseigne, comparable sous cet aspect à la grammaire ou à la chimie. Il m'avait toujours semblé souhaitable qu'un minimum d'instruction religieuse soit proposé aux enfants. Je veux dire en dehors même des églises. Et non pas, dès l'abord, comme une vérité, ou l'unique vérité, mais comme la réponse que les hommes, à travers les âges, et sous tous les climats, ont tenté de donner à l'énigme de leur destinée, insatisfaits d'émerger de nulle part pour se dissoudre dans le néant.

J'imaginais mal à quel point la différence de religion, et plus encore l'union d'un homme et d'une femme de communautés différentes, posaient de problèmes dans les terres cévenoles. Dieu merci – et c'est le cas de le dire ! –, les choses ont bien changé. Mais il demeure toujours des personnes pour qui le simple mot d'œcuménisme est perçu comme une trahison et, curieusement, les moins pratiquants sont les plus sourcilleux. L'œcuménisme n'est pas un renoncement aveugle à nos croyances, mais plutôt une mise en commun de nos différences, de nos approches, de nos perceptions de la religion – ou des religions – chrétienne. L'essentiel est de ne pas perdre de vue l'amour du Christ, qui nous rassemble plus qu'il ne nous sépare.

Mais j'écris ces lignes aujourd'hui. Qu'en était-il, pour moi, à l'époque, et pendant toutes ces années vécues auprès de Frédérique ? Oui, qu'en était-il de l'amour du Christ ?

Je répondais toujours aux questions de Frédérique ; je lui exposais les éléments de ma foi sans volonté de les lui faire partager, encore moins de l'entraîner vers mon Église que je trouvais bien défaillante dans sa communication. Et je n'étais pas le seul à déplorer cette insuffisance. Je me félicitais amèrement que Frédérique n'entende pas certains sermons désolants, qui ne s'adressaient à personne, et contribuaient progressivement à désertifier les églises et les cœurs. Rude métier que celui de prêtre paroissial ! Il requiert une âme intrépide et un courage à toute épreuve. Il ne suffit pas d'être un exemple pour la communauté, mais encore faut-il trouver les mots et les accents qui entretiennent, fortifient, augmentent la ferveur des fidèles.

J'allais suivre la messe d'un prêtre pourtant jeune encore, dont les prêches étaient d'une fadeur désespérante qu'il compensait, à la manière de certains hommes politiques, par une fermeté de voix et de geste, par un étirement des phrases chargées d'énumérations inutiles, et encore alourdies par l'adverbe *véritablement* dont il saupoudrait ses propos. Les moins respectueux comptaient à mi-voix : « quinze... seize... dix-sept... »

« Dieu est *véritablement* bon, il nous aime tous *véritablement*, hommes et femmes, jeunes et vieux, parents et enfants, Français ou étrangers, tous *véritablement*, les prisonniers, les malades, tous ceux qui souffrent, et tous ceux qu'on oublie... »

Oui, bon. Mais où voulait-il en venir ? Que voulait-il dire ? Sa phrase était si longue, si fragmentée, si décousue, qu'elle rendait toute pensée inopérante. Et le mot essentiel, noyé dans ces propos, passait inaperçu : c'était le mot « aimer ». L'Église ne répétera jamais assez aux hommes que Dieu les aime. Au travers de nos faiblesses, de nos inconstances, de nos abandons, Dieu ne cesse de nous aimer. Voilà de quoi il faut convaincre les fidèles, plutôt que de les tenir en respect avec la perspective du châtiment. Plus nous sommes défaillants, plus nous avons besoin d'entendre que Dieu nous aime.

Quand nous sommes venus vivre à la campagne, je renouai avec une pratique plus régulière. Si la paroisse était à trois kilomètres, je n'avais que cent pas à faire pour me rendre à la chapelle où était célébrée la messe dominicale.

L'assistance était peu nombreuse. Quelques familles, quelques adultes. Et quelques gamins turbulents expédiés à l'église par des parents harassés. Le lieu était sans grâce ; très froid l'hiver, glacial au printemps. Le prêtre faisait des efforts pour nous animer, mais l'assemblée était timide ou léthargique. Ses questions restaient sans réponse. Il cherchait des partenaires et n'en trouvait pas.

Un jour que j'étais assis au premier rang, lui debout, sa chasuble au ras de mes genoux, je l'entendis murmurer dans un souffle qui ressemblait à un sanglot :

– Dans quel état elle est, la messe !

Puis il retourna vers l'autel, monta la marche, le cœur lourd de découragement et poursuivit l'office.

Son chagrin ne m'a jamais quitté.

Quelque temps plus tard, il fut appelé ailleurs.

Et, depuis, la chapelle est fermée.

Tandis que je vivais ce désenchantement, je sentais à côté de moi, de plus en plus perceptible, la quête de Frédérique. Une sève montait en elle et ce frémissement me revitalisait. J'étais le témoin de son cheminement progressif, prudent, vers le Dieu de ses pères. Il n'était plus nécessaire que j'intervienne. J'avais le sentiment qu'elle marchait devant, et que c'était moi qui commençais à la suivre.

☆

Frédérique

Ce soir-là, un doux soir de juillet, j'avais raconté un nouvel épisode de Ferdiloup aux enfants, je les avais bordés, j'avais déposé un baiser sur leurs fronts, je les avais confiés à Claudine, la jeune fille qui veillait sur eux et sur *Coin Perdu*, et j'étais partie vers dix heures du soir, au volant de ma vieille 2 CV.

J'étais heureuse.

Des choses radieuses s'annonçaient à l'horizon. La dernière pièce de Louis allait être montée aux *Ambassadeurs*. Il avait répété toute la journée à Vaucresson, chez son metteur en scène, avec Jacqueline Gauthier qui devait être sa partenaire, ils m'attendaient pour souper après le travail.

Avant de partir, j'avais téléphoné :

– J'arrive !

J'étais heureuse.

La pièce s'appelait *La Vie sentimentale*.

La nuit était claire, il faisait beau, il y avait peu de monde sur l'autoroute, j'arrivai vite à Vaucresson et descendis de voiture en chantonnant.

– Bougez pas.

Un homme en treillis braquait un revolver sur moi.

Je restais muette, immobile, le cœur affolé... au bout du jardin je voyais la maison où était Louis, des gens bougeaient dans la lumière, j'entendais des voix, puis le rire de Jacqueline fusa...

– N'appelez pas !

Il était assez jeune, nerveux, en alerte et ce revolver...

– Montez !

Je le regardais, toujours sans bouger, pétrifiée. Il s'énervait, me poussait vers la 2 CV.

– Montez, j'ai dit ! Prenez le volant !

En retournant vers la voiture, je laissai tomber mon sac dans l'herbe en espérant qu'il ne le remarquerait pas. J'étais naïve. Lui aussi il avait vu ça au cinéma !

– Ramassez le sac !

Je sentis le revolver sur ma nuque. Froid.

– Et recommencez pas ou je vous descends ! murmura-t-il à mon oreille.

Tandis que je ramassais mon sac, quelqu'un alluma le jardin... Quelqu'un allait sortir, me voir ! Mais l'homme m'avait déjà installée au volant, avait pris place à mon côté.

– Démarrez !

Je démarrai. Mais pour quelle destination ?

– Je suis en cavale, disait mon passager. Je me suis

tiré ce soir de... (j'ai oublié le nom de la prison). On me recherche.

Il y avait de la fierté dans sa voix.

– On va sûrement tomber sur un barrage, alors vous foncerez ! Recommencez pas comme tout à l'heure parce que la première balle sera pour vous, l'autre pour moi, ils me reprendront pas vivant !

Nous ne rencontrâmes pas de barrages car, très vite, il me fit prendre des petites routes désertes, des chemins défoncés à travers des champs endormis, des forêts où des oiseaux, affolés par la lumière des phares, s'envolaient sur notre passage. Il m'entraînait hors du monde des humains.

– À droite ! non, à gauche ! foncez ! criait-il parfois.

Il avait peur.

Et cette peur m'emplissait d'épouvante.

Où étions-nous ? Il ne savait pas plus que moi où nous nous trouvions. Il rageait.

– J' suis pas n'importe qui ! cria-t-il soudain avant de me faire stopper dans une clairière blanche de lune.

– Attendez un peu !

Il fouillait dans son treillis, maladroitement à cause du revolver qu'il ne lâchait pas, jurait, puis ramenait un gros paquet d'articles serrés par un élastique.

Son press-book !

– J' suis pas n'importe qui ! répéta-t-il en me tendant les articles. Allez, lisez !

Il avait allumé la petite lampe au-dessus du rétroviseur et guettait sur mon visage les réactions de respect et d'admiration que ne manquerait pas de provoquer cette lecture.

J'étais terrifiée. J'avais vu son visage. Maintenant je connaissais son nom... J'allais mourir ?

Mourir pendant que mes petits garçons rêvaient de Ferdiloup, pendant que ma fille rêvait du premier amour... J'allais finir, là, dans cette clairière, au bord d'un chemin d'Île-de-France dont je ne connaîtrais jamais le nom... J'avais dit à Louis : « J'arrive », et je manquerais ce rendez-vous...

– Descendez !

J'eus froid comme à la clinique quand le chariot roule vers un sommeil dont on ne se réveillera peut-être jamais.

– Écoutez... – Sa voix avait changé –, j'ai pas eu de femme depuis des mois...

Je m'étais préparée à la mort, pas au viol, je partis en courant. Ce n'était pas une bonne idée, il eut vite fait de me rattraper. Ma fuite l'avait mis hors de lui. Il me secouait en criant sa rage. D'abord contre sa mère, cette salope qui l'avait abandonné ! Et puis contre les femmes, toutes les femmes ! Toutes des salopes ! Y compris les assistantes sociales ! Et les Sœurs ! Ah ! les Sœurs !

– Et venez pas me parler de Dieu ! hurla-t-il en me jetant par terre.

Merci. C'était ce nom-là qu'il fallait prononcer.

☆

– Un revolver comme celui-là ?

Le policier me tend une arme.

C'est le lendemain matin.

Le soleil s'est levé, la nuit est derrière moi. Je suis à la maison. Louis tient ma main dans la sienne. Les enfants sont en classe. Ils ignorent tout. La vie continue comme s'il ne s'était rien passé. C'est bien.

Mais je ne serai plus jamais la même. Je viens de rencontrer la face glauque du destin. Le drame ne se limite pas à l'instant de la profanation. Il dépend du retour dans l'atmosphère qui était celle du bonheur.

Sans me ramener à mon point de départ comme un cavalier qui dépose sa cavalière après le bal, mon agresseur m'avait lâchée assez près de la villa de Vaucresson. Je me souviens d'une avenue où j'ai couru jusqu'à ce que je voie la lumière. Alors je me suis mise à trembler. Je n'osais plus avancer. J'avais peur.

Louis a compris au premier regard. Avant même d'ôter une brindille de mes cheveux. Il m'a posé la question à voix basse. J'ai dit oui.

Personne ne bougeait autour de nous.

En silence, nous sommes allés vers sa voiture.

Jacqueline a couru vers moi, m'a serrée contre elle, ses yeux étaient pleins de larmes :

– Tu ne risques rien, m'a-t-elle dit. Tu as Louis.

☆

Jacqueline avait raison.

Nous sommes rentrés à la maison et il a refermé ses bras sur moi. C'est lui qui m'a guérie, consolée, sauvée de l'horreur, parce qu'encore plus aimée.

☆

Je ne garde aucun souvenir qui puisse me faire mal.

Aujourd'hui.

Parce que la blessure a été longue à se refermer, parce que la peur revenait sans crier gare, glacée, terrible, et que je tremblais, soudain immobile, perdue, au milieu d'une phrase, d'une pensée, d'un geste.

Étonnée aussi.

J'avais croisé la Mort.

J'aurais pu mourir cette nuit-là et je n'aurais pas su qui j'étais.

J'aurais pu mourir sans avoir « choisi ».

Et venez pas me parler de Dieu !

Quelle forteresse autour de moi soudain ! Quel bouclier repoussant l'inacceptable !

J'avais souvent pensé au Créateur, au Père, au Sauveur, mais là, c'est Lui qui a pensé à moi. Parce que, pour la première fois depuis ma naissance, oubliant que j'avais un corps et un esprit, j'ai deviné que j'avais une âme.

Peut-être ai-je pardonné ? Je n'en suis pas sûre... Quand j'apprends qu'une femme vient d'être violée je ne pardonne pas. Et je prie pour que cette femme ait auprès d'elle celui qui saura la serrer contre son cœur, la réconcilier avec la vie, lui rendre le goût de l'amour. Hélas, depuis des millénaires les civilisations entretiennent une relation barbare avec la notion pureté-souillure et font souvent payer à la femme le crime qu'elle vient de subir.

Nous n'avons rien raconté à nos proches. On m'avait volé ma voiture. Point final. On la retrouva. On retrouva aussi le coupable qui put ajouter quelques coupures de presse à sa collection.

Les policiers ne me posèrent pas de questions indiscrètes. Mais je savais qu'ils savaient et ils savaient que je ne voulais pas parler de viol. C'était une autre époque.

Aujourd'hui je peux en parler, à ce moment-là j'avais besoin d'oublier. Seul Louis pouvait partager l'épreuve avec moi. Nous ne faisions qu'un dans la souffrance et un jour, à force de porter cette souffrance ensemble, il n'y eut plus que du bonheur.

Ce sont nos enfants qui nous mettent au monde.

Les miens, sans rien savoir, poursuivirent le travail de résurrection commencé par Louis.

Ils pesaient sur nous de tout leur poids innocent et la vie en devint plus légère.

Nicolas et François allaient maintenant au collège.

À Passy-Buzenval.

Chez les Ignorantins ?

Et oui ! Et contre toute attente, la nouvelle n'a pas fait frémir la famille Chamson. Pour deux raisons. La première est que, chez les Chers Frères (qui maintenant sont souvent laïques, et parfois des femmes !), il n'y a pas d'absentéisme, jamais de grèves et encore moins de drogue. La seconde raison c'est que Jean Guitton fait de longs séjours à Buzenval et que, le jeudi, à l'Académie, il donne à mon père des nouvelles fraîches de ses petits-fils.

Une amitié très forte est née entre le camisard et celui qu'il appelle son « papolâtre ». Ils communient dans le désir de rester eux-mêmes tout en acceptant que l'autre existe tel qu'il est. Ils ne se passeraient aucune concession de complaisance, ne se pardonneraient nul pas trop hardi de l'un vers l'autre. Ils se respectent absolument. Ils s'aiment.

☆

Le petit bébé que ma belle-mère tenait dans ses bras tandis que les Allemands pillaient sa pharmacie était devenu une délicieuse jeune fille et avait rencontré l'amour.

Il s'appelait Wilfried.

Il était berlinois.

Il était luthérien.

Depuis notre mariage, beaucoup d'eau, bénite ou pas, avait coulé sous les ponts, bien des choses avaient changé depuis la paix et depuis Vatican II.

Nous le constatâmes en entrant dans l'église de Taverny.

Dans le chœur, derrière un vaste autel tendu de blanc, le curé est debout avec, auprès de lui, un grand garçon blond revêtu d'une robe noire à rabat blanc. La robe des pasteurs protestants. Et le curé – beaucoup plus jeune que celui qui découvrit que j'étais païenne –, le curé expose à des gens sidérés qu'il va cocélébrer le mariage de Michèle et de Wilfried avec celui qu'il appelle « mon confrère », et que chacun va bénir ce jeune couple dans sa langue et sa religion.

Tous les petits enfants de la famille, si jolis, si sages, sont assis autour du chœur avec des petits pieds vernis qui ne touchent pas le sol. Ils nous regardent, étonnés. Est-ce si triste, un mariage, pour que toutes les grandes personnes pleurent ?

Petits enfants, il y avait tant de souvenirs dans la grande nef où la petite mariée avançait, blanche comme une colombe.

Tant de morts auprès des vivants... Roger, le frère

de ma belle-mère, Georges, le fils de ma tante Marguerite... et ceux qui étaient tombés dans la famille allemande, ceux dont nous ne connaissions pas encore les noms et qui descendaient de huguenots français chassés par la révocation de l'édit de Nantes...

– Père, regarde cette alliance, c'est celle que tu as conclue avec les patriarches, le roi David et les prophètes. C'est celle que tu as réalisée en Jésus-Christ.

Une autre voix s'élève après celle du curé français. Une voix allemande. Je n'ai pas besoin de comprendre. Je sais que cette voix parle elle aussi de l'alliance.

☆

Louis tourne à des milliers de kilomètres quand François fait sa communion.

Dans le parc de Buzenval, des petits garçons revêtus d'aubes blanches s'approchent de la Sainte Table en silence. Quand son tour arrive, François s'arrête, me regarde.

– Tu viens, Maman ?

Comment aurais-je pu, comment aurais-je osé y aller ?

J'ai secoué la tête.

Il me regarda avec chagrin, comme si je venais de lui avouer : « Je suis indigne de te suivre », puis il me dit doucement :

– Je comprends.

☆

Quelques années plus tard notre fille se marie.

La petite Cathy !

Elle épouse un jeune chef d'orchestre dont la mère est catholique, le père juif. Ils se marieront à l'église.

– Je veux que mon mariage soit le jour de la grande réconciliation ! nous dit Catherine.

Elle veut réunir ses deux familles catholiques et sa famille protestante. Elle l'expose avec enthousiasme à ses six grands-parents.

Et c'est le désastre. Raymond ne veut toujours pas que sa femme rencontre son premier mari. Ils ne viendront pas. Quant à mes parents, ils n'envisagent pas de se rendre à l'église. Impossible.

– Mais pourquoi ? demande Catherine en larmes.

Dragonnades, galères, Tour de Constance, bûchers, Révocation. Elle doit comprendre. Ils l'aiment de tout leur cœur mais ne viendront qu'après la cérémonie.

Seul Néron assistera à la messe de mariage.

Mais l'église ne sera pas vide.

Tous les oncles, toutes les tantes, tous les cousins du marié sont là.

Juifs, pratiquants ou pas, croyants ou pas, ils sont tous venus. Parce que la famille, c'est sacré.

Mazel tov !

☆

Depuis des années, nous avions envie de rendre visite à une très vieille cousine de Louis du côté Zeller. Marguerite Winckel avait passé les nonante, elle ne s'était jamais mariée et vivait dans une grande demeure à Steinbrunn-le-Haut dans le Sundgau, demeure qu'elle avait mise en viager en 1930. Elle avait allègrement enterré plusieurs générations de malheureux qui avaient cru pouvoir un jour habiter sa maison.

La cousine, quelques années plus tôt, avait recueilli le curé de sa paroisse dont l'Église s'était débarrassée. Il n'était pas défroqué mais puni pour s'être permis de répartir à son idée le produit des quêtes. Depuis, il veillait sur la cousine comme un dogue.

C'est lui qui nous reçut, l'air méfiant, quand il entendit le heurtoir. Nous nous étions annoncés par lettre, la cousine n'ayant évidemment pas le téléphone.

– Ti es di primier lit ou di second lit ? aboya-t-il à Louis avant de nous laisser entrer.

Son accent, plus tudesque qu'alsacien, était stupéfiant.

Il n'ouvrit grande la porte que quand il sut que Louis était di primier lit.

Puis il se tourna vers moi :

– Et toi, ti es la brodesdande ?

Visiblement, cela ne le gênait pas. Pas plus que la cousine. La terre d'Alsace est compréhensive, ses habitants aussi. Le *simultaneum* leur a beaucoup appris, les guerres également. Le curé nous versa un petit schnaps à réveiller une momie. On trinqua. Puis, brusquement, la cousine échangea un clin d'œil avec lui et ils éclatèrent de rire.

– Tu sais que tu es peut-être juif ? dit-elle gaiement à Louis.

J'ouvrais des oreilles énormes. Mon père avait raison ? Louis aurait du sang juif ?

Elle nous raconta une de ces histoires de famille un peu tortueuses dont les vieilles femmes sont friandes. La grand-mère alsacienne de Louis serait née plus d'un an après la mort de son père. Elle serait la fille d'un négociant juif de Mulhouse...

– Chuif ! gadolique ! brodesdant ! Tout ça c'i di

bons chrétiens ! dit le curé en se versant une nouvelle lichette de schnaps.

Puis il ajouta en confidence :

– Ti sais, li Zainte Fierche... il est chuif elle aussi !

Le curé puni avait raison.

La plupart des chrétiens n'y pensent jamais, mais Marie est juive. Pour Louis on peut se poser la question, mais pour elle, c'est sûr !

Que savons-nous de nos origines et des hasards de notre naissance ?

Est-ce parce que j'ai vu le jour à Nîmes, carrefour des races depuis l'Antiquité, que j'ai toujours eu envie d'aller vers l'Autre ? De comprendre pourquoi nous sommes tous différents et tous semblables ?

Si j'étais jaune, ou noire, ou née dans une réserve d'Indiens, quelles que soient ma religion, ma tradition, mon éducation, je sais que mon cœur m'aurait poussée à célébrer l'Invisible. La célébration aurait été différente.

Mais pas l'Invisible.

☆

Le temps passe. Nous engageons un Marocain pour tenir la maison.

Avec Blaïd, l'Islam entre à *Coin Perdu*.

Le premier matin, dans la cuisine où je le mets au courant de nos habitudes, je le vois soudain saisir une guêpe par la taille, délicatement, puis il ouvre la fenêtre et la lâche comme un pigeon voyageur.

– Dieu a dit il ne faut pas tuer, m'explique-t-il.

Blaïd, c'est la Foi à l'état pur.

C'est aussi l'émerveillement devant la Création.

– Tu lis le Coran, Madame ! s'exclame-t-il en le découvrant sur mon bureau.

Il me tutoie avec déférence. Moi je n'ose pas. Je lui dis vous. Très vite nous parlons beaucoup.

– Hier tu n'es pas allée à la messe, Madame, me reproche-t-il un lundi matin.

Je lui dis que je suis protestante.

– Alors, pourquoi tu ne vas pas au temple, Madame ?

Si je crois que je vais m'en tirer avec de mauvaises excuses, je me trompe ! Mais Blaïd est serein, il ne s'inquiète pas pour moi.

– Parce que tu aimes trop Dieu, Madame. Alors tu pourras pas lui échapper ! Et un jour tu seras *muslim* !

Je souris. Mais il ajoute, joyeusement :

– D'ailleurs, bientôt, tout le monde sera *muslim* !

Je cesse de sourire. Attention ! Je n'ai pas refusé de dire : « Je me réunis » aux papistes pour devenir mahométane, comme on disait dans mon enfance. Mais j'aime écouter Blaïd parler du Prophète. Parfois, il prend mon Coran et en profère quelques versets. Il nous conseille, à Louis et à moi, d'apprendre l'arabe, le bel arabe littéraire, car on ne peut pas traduire dans une autre langue ce que Djabril...

Qui ça ?

... l'Esprit Fidèle, Gabriel, l'Archange qui dicta du ciel le Livre Saint à Mohammed qui ne savait ni lire, ni écrire.

Un soir, alors qu'il nous sert le dîner, il se met en colère en nous voyant regarder à la télévision un reportage sur la Haute-Égypte.

– C'est pas bien, ça ! C'est pas bon ! Il faut pas regarder ! C'est les faux dieux !

Frappés par sa véhémence, nous ne saisissons pas

tout de suite ce qu'il lui arrive. Puis je comprends. Il en veut aux colosses ! Aux idoles ! C'est dans la Sourate de la Vache, au verset 22 ! À mon tour, je profère :

– *Redoutez le feu préparé pour les infidèles ! le feu dont les hommes et les pierres seront l'aliment !*

– Alors si tu le sais, Madame, pourquoi tu regardes ?

☆

Il aime Myriam.

Marie. La mère de Jésus.

Il me demande un jour si je connais le nom des quatre femmes qui sont montées tout droit au Paradis. Comme ça, directement, sans formalités douanières. Parce que Dieu le voulait.

Naturellement, je ne sais pas.

Eh bien, il y avait la femme et la fille du Prophète... Lesquelles ? Dieu le sait ! Il y avait la princesse d'Égypte qui recueillit Moïse dans sa nacelle d'osier dérivant sur le Nil...

Et Marie.

Il est heureux de me le dire, comme si Marie était de ma famille. Il m'assure que Louis, lui aussi, sera *muslim* un jour.

Comme tout le monde.

Mais son prosélytisme passe par la poésie et la douceur. Muets, nous l'écoutons raconter le voyage nocturne, nous décrire Boraq, le cheval ailé à visage de femme, qui conduisit Mohammed jusqu'au septième ciel. Là, se tient Dieu, là est révélé le mystère de son centième nom.

Cher Blaïd, à part sa tendance à nous gaver de cornes de gazelle et de *pastillas* trop sucrées, nous ne gardons que de merveilleux souvenirs des sept ans qu'il passa chez nous.

Hélas, une maladie de cœur le contraignit à rentrer dans son pays. Une nuit, il se traîna de sa chambre dans l'entrée. Nous aurions pu ne pas l'entendre. Il pouvait à peine respirer, encore moins parler. Un gémissement nous réveilla soudain. Jamais nous n'oublierons l'arrivée des sapeurs-pompiers à trois heures du matin. Jamais nous n'oublierons la rapidité, l'efficacité, la précision, la tendresse de ces hommes qui lui sauvèrent la vie.

Jamais nous ne leur dirons assez merci pour ce qu'ils firent cette nuit-là, pour ce qu'ils font toutes les nuits, eux qu'on accueille maintenant à coups de pierres et de barres de fer.

Au moment où on allait refermer la portière de l'ambulance, Blaïd fit un geste vers nous. Il regardait ses sauveteurs de ses yeux brillants de fièvre, il voulait nous confier quelque chose avant de partir...

– Des frères, dit-il en leur souriant.

☆

Lui aussi était un frère. Il était bon, charitable. Il aimait son prochain. Et nous allions avoir bien besoin de ces vertus et de son amitié au cours des années 80 qui furent pour nous celles du deuil et de l'affliction.

☆

Maman partit la première.

Sans crier gare.

C'était le 9 juin 1983.

La veille – j'étais en train d'écrire –, soudain je me suis sentie glacée, j'ai saisi le téléphone et je l'ai appelée. J'avais besoin de lui parler, de la voir... Tout de suite. Mais elle était restée la sévère gardienne des Vertus, du Mérite et du Devoir.

– Travaille ! me dit-elle.

Ce fut son dernier mot.

Je ne m'en suis jamais remise.

Au bout de cinq mois, jour pour jour, accablé de douleur, mon père s'en fut rejoindre celle qu'il aimait dans le tombeau camisard sur la montagne, là où ils sont réunis pour d'éternelles fiançailles.

Seigneur, enseigne-nous à bien compter nos jours, afin que nous appliquions notre cœur à la sagesse.

La Mort devenait une compagne familière. Nous avions atteint l'âge où elle vous prend la main et ne vous lâchera plus.

Il y eut Irène.

Nous l'avons vue souffrir, se battre, mourir en l'espace de quelques mois.

Notre jeunesse s'en allait avec Irina Stepanova...

Les rires, le champagne, les Noëls fêtés sur les deux calendriers, les dîners où elle savait rassembler ceux qui ne se ressemblaient pas pour en faire des amis...

C'était fini ?

Sa voix joyeuse au matin de Pâques annonçait :

– Христос воскресе * !

et nous lui répondions :

– Во истину воскресе ** !

Non, ce n'était pas fini !

Elle était belle dans la mort comme elle l'avait été dans la vie. Je la regardai pour la dernière fois, puis je rentrai à *Coin Perdu*.

* Christ est ressuscité !
** En vérité il est ressuscité !

Je ne sus que je pleurais que lorsque Blaïd m'ouvrit la porte.

– Ne pleure pas, Madame, disait-il avec des larmes plein les yeux. Ne pleure pas, Madame Irène est morte en temps de Ramadan, les portes de l'Enfer sont fermées, elle est montée droit au ciel.

– Travaille !

Un jour de l'été 78, à Rome, en allant de la pyramide de Cestius au cimetière *acattolico*, je m'étais trouvée nez à nez avec Monseigneur Norbert Calmels qui venait d'être nommé abbé général de l'ordre des Prémontrés.

Louis tournait à Rome et je l'y avais suivi. Rome est l'une des rares capitales où l'on va à pied, alors, forcément, on rencontre des gens. Surtout des ecclésiastiques. Ce qui n'a rien d'étonnant en soi mais devait avoir pour moi des effets secondaires considérables quelques années plus tard.

J'avais fait la connaissance de Norbert Calmels pendant le tournage du *Regret de Pierre Guilhem*, en pays d'Arles. Des gardians m'avaient emmenée voir le feu de la Saint-Jean à l'abbaye de Frigolet.

Cérémonie païenne. Des ceps de vigne brûlent devant la basilique. Une petite Mireille danse au-dessus du brasier, comme les jeunes filles dansaient déjà, là, il y a des milliers d'années. Car l'hiver est mort, et Cérès se réveille... puis, ce jour-là, les portes s'étaient ouvertes aux accents de l'orgue et, du fond de l'ombre, une procession était venue vers nous. L'Église en marche, avec ses ors, ses broderies et sa croix.

Un gardian s'approcha de l'abbé mitré et lui parla à l'oreille. L'abbé poussa un cri et me regarda.

– Tiens-moi la crosse, que je l'embrasse ! demanda-t-il à un jeune ecclésiastique de sa suite.

– La fille d'André ! disait-il en me serrant dans ses bras, contre la raide dalmatique. La fille d'André ! répéta-t-il avant de m'expliquer qu'il avait connu mon père à la guerre.

Depuis ce baiser donné sous le regard de Cérès et de saint Jean, nous ne nous étions plus quittés en amitié. Et voilà que je le retrouvais, et qu'il nous invitait, Louis et moi, à déjeuner dans l'intimité, à la maison de l'Ordre.

Au dernier moment Louis ne put pas se rendre à ce déjeuner car, ce jour-là, il braquait une banque. Dans le film qu'il tournait, cela va sans dire... La veille, sa partenaire avait mangé des *fettucini* suspects et, son visage se couvrant de pustules, il avait fallu changer le plan de travail en catastrophe.

Je me rendis donc seule à l'invitation.

Déjeuner en tête-à-tête, à Rome, avec un évêque de blanc vêtu, dans une grande maison ouverte sur un jardin calme, vous ouvre l'esprit.

Une protestante... à Rome...

Des images furtives, des idées encore confuses se glissaient en moi, signes avant-coureurs d'une histoire à écrire...

Une protestante... à Rome...

– Je voulais être berger, Dieu m'a fait pasteur ! plaisantait l'évêque en remplissant mon verre.

Berger, il l'avait été. Le plus jeune de France, pendant la guerre de 14, sur les hauteurs blondes de son

Lévezou natal. Il avait sept ans. Nous partagions avec lui l'amour de la nature, et quelques belles amitiés, celle des Druon et celle de Pagnol qui, hélas, nous avait quittés quelques années plus tôt.

Cher Marcel, comme la vie éternelle doit être belle pour vos voisins de Paradis ! Comme on doit rire en vous écoutant, assis sur un nuage, au milieu des *boufarels* et des élus ! Comme vous nous avez fait rire quand vous étiez parmi nous ! Et comme vous nous faites rire encore maintenant !

Je relis souvent le livre de Norbert Calmels sur vos rencontres :

Parti dans la vie sans connaître de religion, Marcel Pagnol découvre le surnaturel par l'usure du quotidien... Il disait : « L'idée de Jésus-Christ, c'est comme les oreillons. Ça s'attrape. Et ça va vite. »

Chaque fois que je relis ces phrases j'éclate de rire. Chaque fois que je relis la fin du *Château de ma mère*, je fonds en larmes.

Les rires, les larmes, quel cadeau, Marcel !

Sans compter les oreillons...

Norbert Calmels, comme Marcel, était de ces êtres avec qui le temps s'arrête. Sa présence rendait heureux. Il était grave et gai. Je savais qu'il avait été héroïque, mais il avait décidé de l'oublier et s'efforçait de le faire oublier aux autres. Il était déjà très malade, ne buvait rien, mangeait à peine mais donnait le change avec grâce.

En me raccompagnant, le Révérendissime Père me fit promettre de revenir déjeuner avec Louis. Je promis.

– Si Dieu le veut !

Nous avions parlé ensemble.

Et nous avons ri ensemble.

Mais Dieu ne voulut pas que le déjeuner promis eût lieu.

Cependant j'eus le bonheur de revoir Norbert une dernière fois avant sa mort et il me posa une question :

– Qui était ce Marocain merveilleux qui me répondit au téléphone, au moment où je venais d'apprendre le décès de votre père ?

Je lui dis qui était Blaïd, je lui parlai de sa foi, de ses certitudes, et l'évêque me raconta leur conversation. Il avait demandé à me parler : j'étais absente, à parler à Louis : il était absent ; alors il avait demandé :

– Y a-t-il à la maison quelqu'un de la famille ?

– Oui, avait dit Blaïd. Il y a moi.

– Qui êtes-vous, monsieur ?

– Je suis le serviteur.

☆

– Ta protestante... à Rome, me dit Louis quelques années plus tard. Tu sais ce qu'elle doit faire ?

– ...

– Elle doit être ambassadeur de France...

Je vois déjà mon héroïne installée au Palais Farnèse, mais Louis précise :

– ... ambassadeur de France près le Saint-Siège.

Je trouve l'idée d'autant plus séduisante que la France n'a jamais envoyé une femme présenter ses lettres de créance au Saint-Père.

– Écris le livre, et adapte-le pour la télévision avec François et moi.

Les créateurs de Ferdiloup, François et Nicolas, sont devenus, le premier scénariste et réalisateur, le second producteur.

Comme le temps passe...

☆

– Travaille !

☆

Le projet sera difficile à monter. Il nous faudra tourner au Parlement européen, au Quai d'Orsay, à l'Institut Pasteur, au Vatican... et au Santaragua. Mais, là, ce sera moins difficile puisque ce pays n'existe pas.

Là-dessus, le ministre des Affaires étrangères donne une réception au Quai pour les artistes. C'est une initiative de Jean-Bernard Raimond qui, ainsi que son épouse, a toujours été attentif à notre profession.

Tous deux nous demandent si nous avons quelque chose en préparation, et nous leur racontons les aventures de Sixtine, notre ambassadeur, avec S.S. Innocent XIV. Le nom du pape les fait rire ainsi que celui de notre héroïne.

Sixtine...

En les quittant, nous croisons un sourire. Celui de Brigitte Fossey.

Je ne pouvais pas me douter que, quelques années plus tard, châtelaine des Oliviers, elle allait devenir une des femmes de ma vie. Je ne pouvais pas deviner non plus quel rôle allaient jouer, très vite, Jean-Bernard et Monique Raimond dans l'aventure du *Mari de l'Ambassadeur*.

Je ne pouvais pas deviner, enfin, que, la cohabitation prenant fin, l'échiquier gouvernemental et diplomatique allait être bouleversé. J'étais « dans l'événement », et « l'événement », pour nous, c'était l'écriture du livre et la préparation du feuilleton.

La confiance du professeur Jean Bernard devait nous ouvrir les portes de l'Institut Pasteur, celle de Simone Veil les portes du Parlement européen. Grâce à elle, Francis Rosenstiel, un des conseillers politiques de Marcelino Oreja, m'avait prise sous sa protection.

Francis Rosenstiel ne s'inquiétait pas pour notre tournage au Parlement mais pour les scènes se passant à Rome et au Vatican. Il fallait, pour y être accepté, avoir une recommandation de poids.

Hélas, le cher Norbert nous ayant quittés le 24 mars 1985, je ne connaissais plus personne dans la Ville...

– J'ai un ami très cher, le père Hervé Carrier. Un jésuite..., mais oui ! Un très grand esprit, me dit Francis. Il est secrétaire du Conseil pontifical de la Culture. Je vais lui écrire. Il pourra peut-être quelque chose pour vous.

Je partis pour Rome avec ce viatique et un mot d'introduction qu'une amie m'avait donné pour son oncle cardinal. Ce vieux prince de l'Église vivait depuis des lustres dans un appartement de la Via della Conciliazione, à l'extrémité moderne de la place Saint-Pierre. L'architecture en était d'un style si purement soviétique qu'on s'étonnait de ne pas trouver un portrait de Staline dans le bureau lugubre où il me reçut, en présence d'une gouvernante cacochyme et revêche. Elle me regardait comme si j'avais eu les pieds fourchus. Pourtant j'avais mis ma robe bleu marine à col blanc, ma robe ecclésiastique, celle avec laquelle je me serais donné le Bon Dieu sans confession.

Le cardinal parlait à peine. La gouvernante posait les questions :

- Vous êtes en pèlerinage ?

– Euh... non. Je prépare un film...

– Un film ! répéta-t-elle avant de se réfugier dans un silence douloureux.

Il me sembla que le cardinal allait dire quelque chose ; il avait craqué comme un vieux meuble ; une lueur s'était allumée dans ses yeux délavés. Je lui souris...

– Son Éminence est fatiguée, dit la gouvernante. Elle me charge de vous souhaiter un bon séjour à Rome.

Elle s'était levée. Moi aussi. L'audience était terminée.

Le cardinal était triste.

J'aurais dû aller vers le vieil homme, lui mettre les bras autour du cou et l'embrasser sur les deux joues, mais je débutais au Saint-Siège, et je ne savais pas encore que, là pas plus qu'ailleurs, il ne faut jamais réfréner les élans du cœur.

J'étais soucieuse.

Comment trouver la clef qui ferait tourner sur ses gonds la porte de Saint-Pierre ?

L'entrevue au Conseil pontifical de la Culture fut beaucoup plus chaleureuse.

Québécois, le père Hervé Carrier est un homme tonique, monstrueusement cultivé et plein d'humour.

– Une protestante envoyée par un israélite à un jésuite, quel cadeau de Dieu ! s'écria-t-il en m'accueillant.

Je lui racontai tout. L'histoire de Sixtine, bien sûr, et la nôtre. La devise de notre héroïne : *Faire Face* lui parut tout indiquée car il ne me cacha pas les difficultés de l'entreprise. Tout était lent, au Vatican, tout prenait du temps. Il me suffisait de penser à Jeanne d'Arc et aux siècles qu'elle dut attendre pour devenir une sainte, pour comprendre que le père Carrier disait vrai.

Mais il avait envie de nous aider et allait nous mettre en rapport avec Monsignore Pierfranco Pastore, secrétaire des communications sociales.

– ... son père, grand antifasciste, est mort torturé par les nazis, dit-il en me raccompagnant. Je lui parlerai d'André Chamson.

Il me tendit la main, joyeux.

– Préparez-vous au combat !

Je rentrai à Paris en pleine déprime.

Qu'allions-nous faire ? Pendant que je donnais les dernières nouvelles du front à Louis et à nos fils, le téléphone sonna. Je décrochai.

– C'est Sixtine qui vous appelle ! disait une voix d'homme au bout du fil.

Jean-Bernard Raimond venait d'être nommé ambassadeur de France près le Saint-Siège !

– Je vais pouvoir vous aider, promettait-il.

Comme ce fut vrai !

La porte de Saint-Pierre s'ouvrit devant Sixtine.

Et Riquette entra au Vatican.

☆

Louis et François m'avaient dit :

– C'est toi qui écriras les scènes avec Innocent XIV, tu es protestante, tu as donc la même approche que Sixtine vis-à-vis du Saint-Père.

Comment aurais-je fait sans l'amitié de Monique et Jean-Bernard Raimond ? Sans mes séjours à la Villa Paolina * je n'aurais jamais pu écrire cette histoire de l'intérieur.

Je n'aurais pas pu raconter ce grand froissement de soie, ce bruissement céleste des étourneaux qui,

* Ambassade de France près le Saint-Siège. Ancienne maison de Pauline Bonaparte.

chaque matin, saluent la lumière en prenant leur vol d'un seul battement d'ailes.

Je n'aurais pas pu raconter le petit coin des Cévennes caché sur les hauteurs du Pincio, là où les oliviers veillent sur la lessive des sœurs de la Trinité-des-Monts. Je n'aurais pas pu raconter le Club Gambrinus du Lido où toute la *nobiltà* se retrouve sur le sable. Je n'aurais pas pu raconter le restaurant des *Virgini Laiche Cristiane di Azione Cattolica Missionaria per Mezzo del Lavoro**.

Et, surtout, je n'aurais pas pu pénétrer au cœur du Vatican par l'entrée des artistes.

Mes hôtes connaissaient ma situation confessionnelle, et je ne la cachais à personne. J'aurais eu honte que l'on puisse penser, à Rome, que la dame que recevait l'ambassadeur de France près le Saint-Siège était une mauvaise catholique ! Aussi, dès mon premier prélat, j'annonçai la couleur :

– Monsieur le Cardinal, je suis protestante !

Qu'est-ce que j'avais dit là !

Jamais je n'aurais pu imaginer que cette information allait éveiller un tel enthousiasme ! Je rencontrai des abbés, des chanoines, des évêques, des cardinaux... Je crois avoir rencontré à peu près tout le monde dans la Cité, sauf le maître de maison, et chaque fois que je disais : « Je suis protestante », on m'accueillait comme le Messie ! On m'ouvrait grand les bras, mais jamais personne ne tenta de me convertir.

Après le père Hervé Carrier, qui tint ses promesses, ainsi que Monseigneur Pastore, je fis la connaissance de Monseigneur Arrighi, évêque de la Trinité-des-Monts et du cardinal Jacques Martin.

Non, ce n'est pas une coquille, vous avez bien lu.

* Vierges chrétiennes de l'Action Catholique et Missionnaire par le Travail.

Le cardinal s'appelait vraiment Jacques Martin. Au Vatican, on préférait dire Giacomo Martin. C'était un très beau et grand vieillard. Il y avait en lui quelque chose de guerrier et, aussi, d'aérien. Ses appartements donnaient sur une vaste cour, derrière Saint-Pierre. Sa conversation était admirable, son esprit d'une jeunesse intacte, comme sa bonté.

Je le vis, je l'aimai.

Et je crois qu'il m'aima lui aussi.

Il ne sortait plus, mais j'eus la chance de pouvoir aller goûter avec lui plusieurs fois en tête-à-tête.

Nous parlions de tout, nous avions des fous rires, des moments d'émotion. De silence. Nous récitions des poèmes. Quand il sut que je les avais appris avec mon père, il me dit qu'il l'avait plusieurs fois rencontré. Il connaissait toute son œuvre. Nous parlâmes des Cévennes. Je lui dis que je n'étais pas baptisée. Je lui racontai notre mariage devant la Vierge de Taverny ; je lui parlai de Louis, de nos enfants...

L'insolite de la situation du *Mari de l'Ambassadeur* l'amusa. Je lui lus toutes les scènes avec le Saint-Père. Voyant qu'il souriait, je lui demandai :

– *Imprimatur ?*

– *Nihil obstat !* répondit-il joyeusement.

La dernière fois que je le vis, ce fut lui qui m'ouvrit la porte.

Quand il mourut, peu de temps, hélas, après le tournage, je sus que j'avais perdu l'un des miens.

☆

Je regardais Monique et je voyais Sixtine...

Quelle rencontre merveilleuse !

La femme de l'ambassadeur m'accueillait dans sa

maison, dans son amitié, dans sa vérité quotidienne, et me guidait au cœur des choses.

À la Villa Paolina nous vivions dans une réalité hors du temps où l'on faisait la révérence aux princes de l'Église, où l'on disait les grâces debout, devant les assiettes de Sèvres de la République, où l'on allumait deux cierges gigantesques lorsqu'un cardinal venait dîner.

Derrière ce cérémonial, cette étiquette, derrière ce protocole immuable, il y avait une femme qui, d'abord admirée pour sa beauté et son élégance, fut très vite aimée de Rome ; il y avait un homme qui montrait, une fois de plus, qui il était. Un très grand ambassadeur.

Chaque matin le vol gigantesque des étourneaux levait le rideau sur de nouvelles découvertes. Santa Sabina et ses prières, un marquis à baldaquin, l'étude de ce que signifiait un procès en canonisation, un déjeuner avec Monseigneur Arrighi qui parle du temps des traînes, des rochets de dentelle, de la Sedia Gestatoria. Il a connu tout cela dans sa jeunesse, quand il était le caudataire d'un illustre prélat.

Un soir, on allume deux cierges à la Villa, le cardinal Poupard vient dîner.

Enchantement. Il raconte si bien qu'il doit descendre de ma sainte patronne Schéhérazade !

Je tremble parfois en pensant que nous aurions pu ne pas confier, au Quai d'Orsay, à Jean-Bernard et à Monique les aventures de Sixtine et d'Innocent XIV, et je me demande si cette féerie romaine aurait eu lieu si je n'avais pas prononcé ce sésame :

– Monsieur le Cardinal, je suis protestante.

☆

L'honnêteté m'avait poussée à dire que j'étais protestante aux princes de l'Église.

L'honnêteté voulait également que je dise où j'en étais de mon protestantisme aux pasteurs que je rencontrais en revenant du Vatican.

Car, maintenant, pour écrire l'histoire de Sixtine, il allait me falloir interroger des calvinistes et des luthériens.

Je savais si peu de chose ! Je me souviens d'une réunion de travail à laquelle assistaient Claudette Marquet, Christian Mazel, Marc Chambron et Jacques Fischer.

Deux représentants de l'Église réformée et deux représentants de l'Église luthérienne.

Je leur posai des questions d'enfant. Ils eurent la bonté d'y répondre. Parce qu'ils avaient deviné, derrière l'auteur qui les interrogeait, la petite fille qui avait besoin d'être éclairée.

Je leur fis part du trouble qui avait été le mien un jour de grand chagrin, celui des obsèques d'Henri Flammarion, en voyant le pasteur Chambron faire le signe de croix au-dessus de la tombe.

Un signe de croix, dans les Cévennes, tout le monde se serait voilé la face !

L'explication était simple.

L'Alsace et le pays de Montbéliard n'avaient pas connu les dragonnades, la tour et les galères. D'autres malheurs leur avaient été réservés. Mais Louis XIV, par ses persécutions, avait diabolisé la croix aux yeux de notre petit peuple. Tendue aux martyrs sur la roue ou le bûcher, elle avait cessé d'être le symbole du Christ pour devenir le symbole du supplice et de l'abjuration.

Au-delà de sa mort, l'amitié d'Henri Flammarion continuait à veiller sur moi et me rendait toute pure l'image du Sacrifice et du Salut.

☆

De plus en plus souvent ma pensée retourne, sur les chemins de la mémoire, vers la ferme sur le mont Lozère, la ferme où se croisèrent les confessions et les races sans que jamais personne ne tente de convertir son prochain.

« Je viens de la part de Monsieur des Bressous. »

Je pense à la ferme sur le mont Lozère et je respire le vent de la liberté. Le vent de la liberté qui permet de dire : Que Dieu se montre seulement, *Chana-Tova**, *Allah akbar***, Христоҫ воскресе *** et je vous salue, Marie.

Le vent de la liberté qui permet aussi de se taire.

D'être soi.

Et d'accepter que l'autre existe. Tel qu'il est.

De chaque côté du fleuve, peut-être.

Mais c'est le même fleuve.

C'est ce que disait le père Carré à mon père quand il venait le voir au Val-de-Grâce aux derniers jours de sa vie.

– Nous sommes, vous et moi, de chaque côté du fleuve, mais c'est le même fleuve.

Souvent je le trouvais à son chevet, tenant sa main diaphane dans les siennes. Mon père aimait ses visites. Elles étaient d'autant plus belles qu'elles étaient absolument désintéressées. Elles n'étaient qu'Amour. Je comprenais qu'André se sente plus libre avec un dominicain qu'il ne l'aurait été avec un

* Bonne Année.
** Dieu est grand.
*** Christ est ressuscité.

pasteur. À la lumière de leurs différences, Dieu devenait Lui-même, en dehors de toute église, dans Sa vérité universelle, éternelle.

Je les laissais seuls aux bords du fleuve. J'errais dans le Val-de-Grâce. Je pensais à Maman. Je pensais à la grand-mère Aldebert qui avait dit à mon père, septante ans plus tôt, alors qu'il lui avouait avoir perdu la foi :

« Je suis bien tranquille. Il te retrouvera un jour. »

Et un jour Il le retrouva.

Et l'approche de la mort ouvrit ses lèvres sur le Secret.

Ce fut lumineux, fulgurant, indiscutable, mais fugitif comme une flamme qui brûle très fort avant de nous laisser dans les ténèbres.

Il y avait tant de choses à dire !

Nous n'avions pas eu le temps. Eh bien, maintenant, ce temps, Papa, nous allons le prendre.

Un jour de printemps, en 1983, tu m'avais dit, l'air sévère, ton air « Monument des Réformateurs de Genève à moi tout seul » :

– Si c'était à refaire, nous te ferions baptiser.

J'étais restée sans voix.

La mort brutale de Maman et ton désespoir ne me permirent pas de t'interroger ni de répondre aux questions que j'aurais aimé t'entendre formuler.

Un jour – noir entre tous –, j'osai cependant te dire : « Le Seigneur est avec toi », et tu me répondis : « Je le crois. » Puis tu avais baissé les paupières sur ton chagrin et je m'étais tue. Comme aux temps où tu me disais : « Tu es trop petite. »

« Si c'était à refaire, nous te ferions baptiser... »

Ne regrette rien. Maman et toi n'avez rien à vous reprocher. Vous avez bien fait. Vous m'avez seulement fait prendre le plus long chemin. Il fut souvent obscur, douloureux, aride. Je crus parfois l'avoir perdu. Mais je l'ai toujours retrouvé, comme ces drailles de nos Cévennes qui se perdent dans une coulée de pierres, ou un moutonnement de bruyères, et qu'on retrouve avec des cris de joie.

Ce chemin fut mon chemin, et plus je me rapproche du terme de la promenade, plus je pense à vous et je dis merci.

Merci pour vos doutes comme pour vos certitudes. Merci de m'avoir donné le Livre afin de me rendre sage, et *Les Mille et Une Nuits* afin de me garder folle. J'ai écouté la voix de l'Éternel en obéissant à Schéhérazade. J'ai aimé mon prochain en parfumant ma chevelure. Je n'ai renoncé ni au combat avec l'ange, ni à la danse avec les elfes joyeux. Merci.

Vous étiez sévères, et ne m'avez toujours pas dit comment on fait les enfants. Peu importe, j'en ai trois ! Ce manteau de Noé jeté sur les évidences de la nature n'est pas uniquement de votre fait, mais du fait de votre époque.

Cependant votre pudeur volait en éclats devant la poésie :

La très chère était nue, et, connaissant mon cœur,
Elle n'avait gardé que ses bijoux sonores *...,

me récitait Papa pour me consoler de la défaite. J'avais douze ans, l'âge où Balzac me fut livré, et la poésie, en bloc, sans censure. Votre morale se comportait comme si le Génie avait eu tous les droits, comme si le souffle de l'Inspiration avait eu le pouvoir de faire tomber les voiles de la Pudeur. Merci.

* Ch Baudelaire, « Les Bijoux », « Pièces condamnées tirées des *Fleurs du Mal* ».

Sur votre tombeau, là-haut sur la montagne sainte, j'a fait graver REGISTER. Parce que je sais que, si une mauvaise fée, d'un coup de baguette, voulait balayer toute ton œuvre, Papa, il est un mot qu'elle ne pourrait effacer.

REGISTER

Le mot est gravé en moi. Je l'ai transmis aux enfants que j'ai eus avec Louis, et aux enfants de mes enfants, comme une marque de famille.

Le jour où Fernand Braudel te succéda sous la Coupole, Maurice Druon dit superbement qu'André Chamson « était porteur d'une de ces déchirures ataviques, d'une de ces blessures à la France qu'il se faisait devoir et honneur de ne pas laisser tout à fait se refermer : la blessure des guerres de religion et de la Révocation ».

La blessure n'est toujours pas refermée. Ton sang camisard coule dans les veines de mes petits catholiques. On ne se défait pas de ce sceau-là.

Avant de mourir, Maman demanda que l'on chante : *C'est un rempart que notre Dieu* sur sa tombe, toi, tu voulus que je dise la prière de notre famille car nos montagnes sont le lieu de l'éternel retour. Aussi je voudrais vous ravir en esprit, elle et toi, et vous ramener dans votre maison, au fond du val aimé des loups, un soir d'été, quand nous nous préparons à dîner sur la terrasse.

Nous sommes tous réunis. Votre descendance.

Avant toute chose, merci d'avoir aimé Louis, merci d'avoir su qu'il m'était destiné comme je lui étais destinée. La vie n'aurait pas eu le même goût si nous ne l'avions pas partagée.

Catherine, Nicolas, François, vous les reconnaissez. Fanny et Dominique sont les deux belles jeunes femmes que vos petits-fils ont épousées et Paul, Alice, Victor et Alexandre sont vos arrière-petits-enfants. Ils écoutent avec passion le récit des temps héroïques, quand il suffisait de dire : « Je viens de la part de Monsieur des Bressous », pour que la porte s'ouvre au fugitif.

Ils savent qu'ils descendent de ce Monsieur des Bressous. Ils en sont fiers. Les plus grands ont fait des dictées signées de ton nom. Paul a même eu à compléter un texte de toi.

– Lequel ?

– Celui des *Schtroumpfs*.

– Des *Schtroumpfs* !... Papa ?

Il m'a montré son livre. Il avait raison.

D'après André Chamson :
Nul en orthographe
J'étais nul en schtroumpf, je ne connaissais même pas les départements. Je ne me rattrapais qu'en schtroumpf. Mes schtroumpfs amusaient le maître. Il lui arrivait de les schtroumpfer à haute voix, pour les donner en exemple ou pour se moquer de moi. Si tu veux devenir schtroumpf, il te faudra apprendre l'orthographe.

Bien sûr, ils mélangent un peu les siècles et les générations, la tour de Constance et le maquis, Verdun et la Paix d'Alès, la Résistance et RESISTER, mais si tu savais comme ils aiment ta montagne, comme ils la connaissent ! Le chemin des marbres, les 4 000 marches, les Laveries, l'Hort de Dieu, la Fageolle... Si tu savais comme ils aiment les longues marches silencieuses, le lever du soleil sur les nuages et l'odeur glacée des gouffres où tu plongeais autrefois...

– Regardez !

Paul nous désigne le ciel au-dessus du col de la Serreyrède.

– Regardez ! Le ciel est rose !

et il dit, comme je te l'ai entendu dire tant de fois :

– Il fera beau demain.

Louis

Problèmes avec Dieu

J'ai évoqué à plusieurs reprises les zones d'encalminage qu'il m'est arrivé de rencontrer et qui se manifestent par une perte de contact avec la divinité.

Cela n'avait aucune incidence sur la foi qui demeurait intacte. Mais les rapports s'espaçaient, s'amenuisaient, disparaissaient.

Je cherchais la cause de cet appauvrissement et aussi son remède.

Le mot Dieu que j'emploie comme tout le monde me fait perdre mes marques : je ne sais plus de qui, de quoi il est question. Cette accumulation de perfections, emprisonnée dans l'éternité – zone impénétrable à notre compréhension – le fait apparaître comme un colosse imposant au fond du paysage.

La façon dont on nous le présentait, tous ses pouvoirs, toute cette grandeur, toute cette distance, nous rendaient insignifiants à nos propres yeux. Je me retrouvais avec une âme de vermisseau à qui le seul accès possible était la soumission.

Quelqu'un à qui je faisais part de mes difficultés d'approche, me répondit :

– Contente-toi de Jésus.

Certes la pensée et la personne de Jésus ne me quittaient, ni son amour, ni sa douleur. Mais, acceptant mon infirmité, j'avais le sentiment de renoncer à une dimension supplémentaire et, sans doute, capitale.

Pour certains, notre destin est fixé à l'avance. Dieu a fait son choix parmi nous. Les uns, oui, les autres, non. S'il en est ainsi, la partie est déjà jouée et nos efforts ne sont que gesticulations dérisoires. Dieu est un despote et la création, un caprice.

Cette immobilité, cette insensibilité devant les angoisses de l'homme l'apparenteraient à une idole dont la face impénétrable ne s'anime que pour manifester son mécontentement. Alors on fait monter vers lui nos encens, nos prières, nos supplications pour apaiser son courroux, et lui demander – à lui qui peut tout – d'intervenir pour changer la place des pièces quand la partie ici-bas devient trop rude ou trop inquiétante.

Cette version me paraît désespérante, et pour tout dire inacceptable.

Mais alors où est mon erreur ?

Pour tenter de la trouver, j'ai repris tout le parcours depuis la création, puisque c'est à partir d'elle que nous avons connaissance de Dieu.

Et soudain quelque chose a commencé à bouger.

Dieu n'était plus uniquement l'Éternel, il devenait le Créateur. La Création est sa volonté et, par ce choix, Dieu s'absente de l'éternité, et va se rapprocher de nous en s'investissant dans le monde qui sera le nôtre.

Il invente le Temps et l'Espace.

Le Temps, en nous révélant les étapes de sa création, qu'il appelle jours.

L'Espace, en localisant de différentes manières le ciel, la terre, les eaux, qu'il peuplera d'astres et d'étoiles, de plantes et d'animaux, d'algues et de poissons.

Puis il invente les anges qu'il pourvoit de capacités tirées de son être : immatérialité, translocation, intelligence – serviteurs brillants, heureux et glorieux, témoins perpétuels de sa majesté.

Exerçant plus avant son bonheur de créateur, il décide d'inventer une créature inédite, faite de matière et d'esprit, et plus étonnante que tout ce qu'il a accompli jusqu'ici. Il prend un peu de limon, le réchauffe de son souffle, et voilà l'Homme. Une vraie merveille, composée avec amour, douée de raison, à qui il accorde la liberté de choix, et, don suprême, la capacité de créer à son tour, d'ajouter à la nature, de la modifier, de l'embellir – idée généreuse mais risquée. Il met à sa disposition un enclos pourvu de tous les agréments imaginables, et, bientôt, il juge souhaitable de donner à ce solitaire un double dont la différence fera tout le charme.

Leur union célébrera sa grandeur et les entretiendra à jamais dans un bonheur infini et une félicité perpétuelle.

Jamais le Créateur n'a connu de joie plus profonde. De toutes ses entreprises, c'est la plus réussie. Il éprouve pour les humains une affection paternelle. Il pense qu'il les a faits à son image.

Lucifer, jusqu'ici la plus brillante de ses créatures, se sent mordu de jalousie devant l'éblouissement extasié du Maître. Il craint de perdre la première place. Il décide d'agir. Je pense même que c'est lui qui suggère à Dieu l'épreuve du fruit défendu. Le Seigneur, plein de confiance, accepte l'épreuve. Il fait savoir aux promeneurs que la seule chose qui leur est interdite, c'est de goûter au fruit de l'Arbre.

Le piège est en place. Lucifer peut intervenir. Il prend la forme du serpent, s'abouche avec Ève, lui révèle pourquoi Dieu interdit que l'on mange du fruit de cet arbre : c'est l'Arbre de la Connaissance. Ses fruits ont un effet prodigieux : si l'on y goûte, on devient aussi puissant que Dieu lui-même, si ce n'est davantage. Ève hésite. Le serpent insiste : « Et d'abord, comment le saurait-il ? » Bref, Ève succombe. Adam croque aussi.

Et Dieu qui voit tout entre en fureur.

Sa colère, son chagrin, sa déception pourraient l'amener à anéantir ses créatures. Mais ce serait agir contre lui-même, renoncer au dessein qui l'a amené à créer l'Homme. Il ne peut s'y résoudre. En accordant la liberté à l'Homme, le Créateur s'est rendu vulnérable.

Il renonce à détruire, mais pas à châtier. Le couple est expulsé du Paradis. Il devra trouver sa subsistance en raclant une terre ingrate, il connaîtra l'épuisement, la maladie, la mort. Mais il lui semble que ce châtiment n'est pas suffisant. Il va trouver mieux. Le chagrin qu'il éprouve en tant que père, ils vont le subir à leur tour. Il leur donne le pouvoir d'engendrer. Et cette descendance naîtra chargée de la faute des parents à jamais. Les pères souffriront par les fils, et les fils par les pères. À peine Adam et Ève ont-ils deux enfants que l'un tue l'autre.

Les temps passent. La colère de Dieu ne passe pas. Voyant vivre les hommes, sa déception est à la mesure de ses espoirs. Il a la tentation du Déluge, mais il suffit d'un homme qui observe ses commandements pour qu'il sauve l'espèce et les animaux innocents. Et lorsqu'il met à l'épreuve, pour s'assurer de sa fidélité, un homme qu'il a distingué entre tous, il lui demandera d'immoler son fils unique. Abraham y consent. Dieu arrête son bras et fait alliance pour toujours avec cet homme et sa descendance.

Mais ce peuple élu se montrera aussi défaillant. Meurtres, idolâtrie, cupidité, luxure. Et la colère de Dieu gronde sourdement tout le long de l'Ancien Testament ; la foudre frappe – mais jamais l'Alliance n'est dénoncée. Dieu ne reprend pas ce qu'il accorde. Mieux même : lorsqu'il voit que ses justes et ses prophètes sont impuissants à guérir l'humanité de ses vices, lorsque renonçant à la colère, il se sera révélé à lui-même dans un sursaut d'amour que son fils bien-aimé, assumant pleinement la condition humaine, pourrait, par son exemple et ses mérites, restaurer l'humanité dans le dessein primitif jamais abandonné, c'est parmi le peuple toujours élu qu'il le fera naître. C'est depuis la Terre Promise que Jésus apportera son message d'amour. C'est de Jérusalem où il achèvera dans le supplice son parcours terrestre qu'il étendra l'Alliance, privilège jusqu'ici transmis par le sang, à l'humanité entière, à tous ceux qui voudront se nourrir de sa parole.

Ce témoignage d'amour sera encore insuffisant. Dieu ne renonce pas. La partie n'est pas jouée, la lutte se poursuit.

Et c'est précisément la prise de conscience de cette lutte quotidienne de Dieu qui m'a ouvert les yeux. Il a cessé de m'apparaître sous les traits de l'Être suprême, cantonné dans son éternité. En créant les hommes, il a basculé dans le Temps et l'Histoire, poursuivant chaque jour une lutte implacable pour sauver l'ingrat objet de son amour.

Cette découverte est une délivrance et un réconfort. À l'issue de cette démarche, le contact est renoué, amplifié, permanent. Cette vision m'a également révélé notre utilité auprès de lui. Nos prières lui sont nécessaires. Et c'est pour lui qu'il faut prier.

Oui, que votre règne arrive, je vous en prie !

Oui, que votre volonté soit faite, je vous en prie !

Oui, pardonnez-nous nos offenses. Les injures faites au prochain vous affligent plus encore que les blasphèmes et les imprécations.

Mais nos péchés font aussi partie de votre projet. Accordez-moi pour mes fautes, mes faiblesses, et mon repentir, de participer à l'effort de création que vous poursuivez inlassablement, jusqu'à l'expiration du temps et de l'espace, jusqu'au triomphe final où vous nous aurez tous rassemblés dans votre éternité.

☆

Frédérique

Un soir où je venais l'embrasser dans son lit pour lui souhaiter la bonne nuit, Paul – il avait cinq ans – noua ses bras autour de mon cou et s'écria :

– الله اكبر * !

Un peu étonnée je lui demandai :

– *Allah akbar * !* Tu sais ce que ça veut dire ?

– Bien sûr ! Ça veut dire : Vive Jésus !

* Dieu est grand !

Cette fusion œcuménique, œuvre d'un petit enfant, me parut bien augurer de l'avenir.

Et, tout doucement, un projet s'épanouit dans mon cœur.

Je me ferais baptiser.

Et Paul serait mon parrain.

Ce petit catholique descendant des camisards, qui proclamait en arabe la grandeur de Dieu sans oublier de saluer Jésus, me parut tout désigné pour tenir mon âme sur les fonts baptismaux.

Avec notre fille. Catherine. Première-née des trois métis.

Ce jour-là, je pourrai dire :

– Je suis protestante.

Et ce sera vrai.

Toute ma vie j'ai porté la Réforme en moi. Je ne suis pas la seule. J'ai rarement rencontré une nature plus protestante que celle de mon catholique !

Louis, quelle belle guerre de religion nous aurons vécue ensemble ! Comme c'est beau que tu sois resté toi et que je sois devenue moi !

J'attends que Paul ait l'âge qu'avait son père quand il m'a dit : « Tu viens, Maman ? »

Ce jour-là, je serai prête.

Le baptême aura lieu au Désert comme aux temps où le roi nous envoyait ses dragons.

Mon pasteur sera une femme.

En souvenir de Mémé.

Je sais qui sera cette femme. Son amitié m'éclaire depuis des années. Elle va avoir à m'apprendre bien des choses. C'est elle qui va « m'instruire ». Elle a déjà commencé. Elle est la première à nous avoir réunis en religion, Louis et moi.

C'était au pied de la Tour de Constance, pour la deux millième émission de *Présence protestante*.

Claudette Marquet me demanda de lire un texte d'André Chamson tiré de *La Superbe**, à l'endroit même où les pauvres femmes souffrirent leur martyre. Ce texte raconte la visite de Lucrèce à la femme et aux enfants de Jean-Pierre Chamson, galérien pour la foi, notre ancêtre.

– *Les gens comme nous ne peuvent donner qu'une prière*, dit la Cévenole à la belle catholique pour la remercier, *et c'est de grand cœur que nous le ferons en pensant à vous.*

– *Faites-le maintenant, dit Lucrèce en se levant. Elle fut sur le point de faire un signe de croix, mais elle se retint, au dernier instant, et joignit les mains, en baissant la tête.*

– *Nous ne prions peut-être pas comme vous, dit la femme. Mais la bouche d'un enfant rend toutes les prières semblables... Louise, dis Notre Père.*

– Pater Noster, *entendit Lucrèce au fond d'elle-même, en écho, tandis que la voix de la fillette s'élevait à côté de son oreille.*

– *Notre Père qui es aux cieux, Ton nom soit sanctifié, Ton règne vienne. Ta volonté soit faite en la terre comme au ciel.*

Oui, tu avais raison de le croire, Papa, la bouche d'un enfant rend toutes les prières semblables.

* A. Chamson, *La Superbe*, Plon, 1967.

La même lumière qui est l'aurore pour nos petits-enfants est pour nous le crépuscule.

Nous l'espérons long.

Le chemin continue.

La conversation se poursuit.

Les doigts qui se sont noués il y a cinquante ans dans les rues de Paris sont toujours unis.

Rien n'est épuisé.

Tout recommence...

Éraste : Louis Velle.

Isabelle : Frédérique Hébrard.

Table

ŒUVRES DE FRÉDÉRIQUE HÉBRARD

Chez Flammarion

Un mari c'est un mari, *roman*
La vie reprendra au printemps, *roman*
La Chambre de Goethe (Prix Roland Dorgelès, 1981)
Un visage, *roman*
Le Mois de Septembre, *roman*
La Citoyenne
Le Harem, *roman* (Grand Prix du Roman de l'Académie Française, 1987)
Le Mari de l'Ambassadeur, *roman*
Félix, fils de Pauline, *roman*
Le Château des Oliviers, *roman*

Chez Julliard

L'Île sans serpent, *récit*
Je vous aime
Babouillet ou la Terre promise

Chez J'ai lu

La Petite Fille modèle, *récit*
La Demoiselle d'Avignon, *roman* (en collaboration avec Louis Velle)

Chez Plon

Le Grand Batre, *Roman*